Alexandra Gregus

„Sei der Mensch, den du selbst gerne treffen würdest“

www.alexandra-gregus.com

ALEXANDRA GREGUS

CLEVER ESSEN

LECKER GENIEẞEN UND GLÜCKLICH LEBEN

Inhaltsverzeichnis

Vorwort

Herzlich willkommen und einen ganz lieben Dank dafür, dass du dich angesichts der Fülle an Kochbüchern für mein Buch entschieden hast.

Wie komme ich dazu, ein Kochbuch zu schreiben?

Auf meiner Reise zum Wunschgewicht habe ich mich sehr viel und sehr intensiv mit Ernährung, gesunden Lebensmitteln, Rezepten und Alternativen zu den Klassikern Nudeln, Fleisch und Co. beschäftigt. Es war mir wichtig wirklich zu verstehen, was sich ändern muss. Ich wollte es richtig machen, anders als bei den unzähligen Diäten der Vergangenheit. Die Auseinandersetzung mit Ernährung, den dazugehörigen Lebensmitteln und dem neuen Lebensstil waren super wichtig, um ein Gefühl für mich und das, was mit mir passiert, zu entwickeln.

Ich habe jede freie Minute damit verbracht, sämtliche Informationen aus dem Internet, Büchern und Zeitschriften in mich aufzusaugen. Ich war ständig dabei Rezepte zu suchen, die mich in meiner neuen „gesunden“ Küche inspirierten und mir zeigten, dass es ANDERS und dabei auch lecker geht.

Beim Ausprobieren in der Küche entdeckte ich schnell, dass ich neue Lieblinge gefunden hatte, die einfach nur noch eine Prise mehr von meinem eigenen Spirit kriegen mussten. Natürlich habe ich viel experimentiert, einiges ging auch in die Hose, weil es so gar nicht funktionieren wollte. Ich musste immer wieder Rezepte verändern, Lebensmittel austauschen oder hinzufügen, aber diese Leidenschaft, die ich in die Sache gesteckt habe, hat sich für mich so sehr gelohnt. Denn jetzt weiß ich, wie ich auch anders kochen kann.

Aus diesem Grund antworte ich auf eure vielen Anfragen zu meiner Ernährung mit einem eigenen Kochbuch voller leckerer Rezepte! Mit meinem Buch möchte ich euch die Chance geben, selbst mutig zu werden, Sachen auszuprobieren, Neues kennenzulernen, sich auf Dinge, die vielleicht erst mal komisch klingen, einzulassen und einfach mal zu machen.

Ich hoffe sehr, mit dem Buch all diejenigen zu erreichen, die auch Lust haben, etwas zu verändern und ihren Horizont damit zu erweitern. Das Ziel muss nicht immer Abnehmen sein. Vielleicht lässt du dich mit meinem Buch einfach zu einer gesünderen und ausgewogeneren Ernährung inspirieren.

Ich danke all meinen Fans und Menschen, die mich als Vorbild sehen, für diese großartige Möglichkeit, meine Lieblingsrezepte mit ihnen zu teilen.
Danke, dass ihr mir den Mut dazu gegeben habt und mich so großartig unterstützt.

Viel Spaß beim Stöbern und Nachkochen.

Meine Geschichte

Bevor ich zu meinen Rezepten komme, möchte ich euch ein bisschen über mich erzählen. Wie es dazu kam, dass ich so viel Gewicht auf die Waage brachte, wie ich mich dann entschieden habe etwas zu verändern und mich daraufhin mehr als halbierte.

Ich bin Alexandra Gregus und habe 2017 die neunte Staffel der erfolgreichen TV-Serie „The Biggest Loser" als erste Frau in Deutschland und mit der höchsten prozentualen Abnahme überhaupt gewonnen. Ich habe es geschafft mich von 103,4 kg auf ganze 50,2 kg zu halbieren und das in nur fünf Monaten. Das war ein absolut extremer Weg, der mich an meine Grenzen gebracht hat. Ich bin sehr dankbar für diese Erfahrungen und das Ergebnis lässt mich unheimlich stolz auf mich selbst sein!

Ich habe mit „The Biggest Loser" etwas geschafft, das ich nie für möglich gehalten hätte. Es war nicht immer leicht. Ich wusste zwischenzeitlich nicht, ob ich das alles schaffen würde und neben all dem Schweiß und Blut flossen auch immer wieder viele Tränen. Aber ich wusste immer, wofür ich

diesen Kampf kämpfe, nämlich für mich selbst!
Für einen gesunden und fitten Körper, für ein neues Selbst, für ein neues Spiegelbild, das ich akzeptieren kann, schlussendlich für ein neues Leben.

Ich war viele Jahre meines Lebens unzufrieden mit mir und meinem Körper. Ich wollte etwas verändern, aber mit der stetig wachsenden Unzufriedenheit und Frustration über meine äußere Erscheinung wurde ich immer unglücklicher und geriet in einen nicht mehr endenden Teufelskreis.

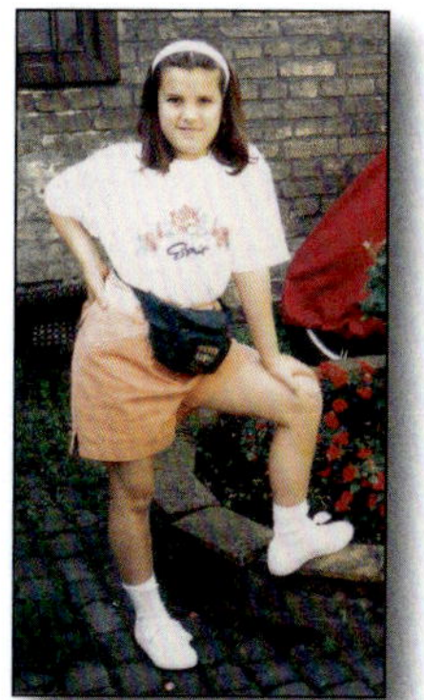

Ich kann nicht behaupten, dass ich je schlank gewesen bin, aber ich war auch nicht schon immer dick. Ich hatte als Kind und Jugendliche normales Gewicht, mit der Tendenz etwas kräftiger zu sein.
Leider wurde mir schon als Kind von meinem Umfeld das Gefühl vermittelt zu dick zu sein. Als Jugendliche war ich dann täglich Mobbing und schlimmen Hänseleien ausgesetzt. So kam es, wie es kommen musste und ich probierte schon mit sechzehn Jahren meine erste Diät aus.
Die Erfolge waren immer schnell da, nur leider kam das Übergewicht mit dem JoJo-Effekt auch jedes Mal wieder zurück. Mit den Jahren kamen so immer mehr Kilos zusammen und irgendwann hatte ich einfach nicht mehr den Mut es anzupacken. Es schien mir aussichtslos und nicht realisierbar, denn ich krabbelte auf der Waage immer weiter nach oben, ja sogar in den dreistelligen Bereich und das Essen schmeckte mir einfach zu gut.

Ich habe schon immer gerne und viel gegessen. Essen hat etwas sehr Schönes für mich und es war mir schon immer wichtig. Es ist ja auch etwas sehr Angenehmes und Geselliges, mit Freunden oder der Familie zusammenzusitzen und gemeinsam zu essen. Auch knabbern die meisten von uns gerne mal vor dem Fernseher oder machen sich einen schönen Abend mit leckerem Essen im Restaurant.

Das waren aber nicht die Ursachen für mein hohes Übergewicht.

Leider war Essen für mich schon immer ein Weg, Frust, Ärger und Stress zu kompensieren. Regelmäßig habe ich, ohne mich bremsen zu können, Massen in mich reingeschlungen. Das war ein Mittel um mich „runterzuholen", so ganz nach dem Motto: „Ich brauch jetzt erstmal ein Snickers, dann geht's weiter." Nur ist nach dem Snickers nichts gut gewesen, denn es mussten wenig später auch noch die Gummibärchen sein, die Chips oder was mir sonst noch so zwischen die Finger kam. Es entwickelte sich zu einem ständigen Essen und Naschen über den ganzen Tag.

Nach der gravierenden Ernährungsumstellung von „The Biggest Loser", musste ich mich umschauen. Wir waren zwei Monate im Andalusischen Camp und hatten keinen Zugang zu Zucker, verarbeiteten Lebensmitteln, mit den ganzen Zusatzstoffen, Fertigprodukten, dem vielen fettigen Essen und den Massen an einfachen Kohlenhydraten.

Schnell bemerkte ich, wie gut mir mein verändertes Essverhalten tat. Ich war viel wacher, ausgeglichener und aktiver. Außerdem fühlte ich mich nicht mehr die ganze Zeit schwer, was mit Sicherheit auch damit zu tun hatte, dass ich schon einiges abgenommen hatte und somit tatsächlich leichter geworden war. Mit jedem Kilo, das ich leichter wurde, stieg auch meine Motivation, weiter dranzubleiben.

Ich beschäftigte mich damit, welche Lebensmittel mir für eine gesunde Ernährung zur Verfügung standen und was ich damit alles Leckeres zaubern konnte. Glücklicherweise hatte ich vorher schon Spaß am Kochen gehabt und laut meiner Familie und Freunden konnte ich das auch ganz gut. Aber ich musste mein Repertoire erweitern, damit ich nicht wieder bei meinen alten Kochgewohnheiten landete. Ich war offen, interessiert und hielt Ausschau nach wirklich allem, was auch nur irgendwie mit Essen zu tun hatte.

Ich fing an mich mit den Nährwerten von Lebensmitteln auseinanderzusetzen, um ein Verständnis dafür zu bekommen, was in den Nahrungsmitteln drin ist. Natürlich hat mich gerade auch in der Anfangszeit sehr interessiert, wieviele Kalorien und Fette worin enthalten sind. Ich war nicht nur einmal sehr erstaunt darüber, wie oft ich teilweise falsch gelegen oder mich zumindest grob verschätzt hatte.

Alle Rezepte, die mich auch nur irgendwie ansprachen, sammelte ich und probierte sie nach und nach aus. Mit der Zeit entstand eine kleine Kochfibel, die ich mir, wie damals als Teenager in der Schule, selbst zusammengebastelt hatte. Ich speicherte alles, was mir in die Hände kam und druckte es anschließend aus. Jeden Schnipsel klebte ich ein, notierte Verbesserungsvorschläge und kritzelte Hinweise mit Herzchen rein, wenn es besonders lecker war. Dieses Buch diente mir immer wieder als Grundlage zum Blättern, wenn ich mal wieder überlegte, was ich mir zu Essen machen könnte.

Schnell hatten sich meine Lieblinge herauskristallisiert.

Ich habe das Kochen nie professionell gelernt, aber wenn ich am Herd stehe, steckt eine Leidenschaft dahinter, die mich super glücklich macht. Der Moment, wenn ich gekocht habe, das Essen koste und mir mein Gaumen verrät, dass es wundervoll und zu einhundert Prozent grandios ist – ein Feuerwerk.

Das soll nicht heißen, dass ich jede Mahlzeit feiere, aber ich liebe es auf dem Teller zu sehen und dann zu schmecken, dass ich etwas unfassbar Leckeres gezaubert habe. Ich achte darauf, mir selbst meinen Teller schön anzurichten, auch wenn ich manchmal nur für mich alleine koche. Ich bin es mir selbst wert schön und ästhetisch zu essen. Das finde ich ganz wichtig.

Mit diesen vielen neuen Erkenntnissen achte ich nun sehr bewusst auf das, was ich esse. Ich versuche mir alle meine Mahlzeiten weitestgehend selbst zu kochen und verzichte dabei so gut es geht auf verarbeitete Lebensmittel.
Viele sagen, dass sie für sowas gar keine Zeit hätten, aber auch mir stehen wie jedem anderen genau vierundzwanzig Stunden am Tag zur Verfügung. Ich habe es zu meiner Priorität gemacht, meine Zeit, die mir zur Verfügung steht, in mich selbst zu investieren. Also koche ich für mich, damit ich gesund, ausgewogen und lecker essen kann.

Ich merke, dass mir mein neuer Lebensstil unheimlich gut tut und wie ich damit aufblühe. Es ist, als ob ich in einen Jungbrunnen gefallen wäre.

Ich möchte genau so
weitermachen
und nicht mehr zurück!

Wie funktioniert Abnehmen?

Für dich ist Abnehmen ein Buch mit sieben Siegeln? Lass uns gemeinsam den einen oder anderen Irrtum aufklären.

Es ist mal wieder soweit! Der Entschluss ist gefasst, die Motivation ist hoch und dieses Mal klappt es ganz sicher mit dem Abnehmen. Nur ist die Realität dann meist eine andere, ich kann ein Lied davon singen.

Der Markt ist überfüllt mit Diäten, die helfen sollen in wenigen Wochen mehrere Kilos zu verlieren. Für jeden Geschmack ist etwas dabei: Low Carb, Trennkost, Diät ohne Sport, Friss die Hälfte, die Schokoladendiät, Kohlsuppendiät, Abnehmen mit Pillen und vieles mehr.

Wie kann es aber gelingen? Das ist die Frage aller Fragen!
Es ist traurig aber wahr, neunzig Prozent aller Diätversuche scheitern. Meist liegt es an zu einseitigen Konzepten, die in der Regel total realitätsfern sind und den Körper viel zu sehr stressen.

Da die meisten Konzepte in den ersten Tagen und Wochen gut funktionieren und schnelle Effekte bringen, werden sie immer wieder als das Nonplusultra angesehen.

Einseitige Ernährungs- und Bewegungskonzepte funktionieren aber so gut wie nie längerfristig und nachhaltig. Der Grund dafür ist ganz einfach: Unser Körper speichert gerne Fett. Das Paradoxe am Abnehmen ist, dass der Körper gar nicht abnehmen will. Er möchte gerne für

schlechtere Zeiten einlagern, das ist unsere biologische Natur. Unser Organismus stellt sich sehr schnell auf die veränderte Ernährungsweise ein und gibt dann nur noch sehr langsam und im schlimmsten Fall gar keine Fett-Reserven mehr frei. Das ist auch gut so, denn sonst wären wir schon längst ausgestorben.
In dem Moment, wenn wir unseren Körper auf eine Diät setzen, fahren wir automatisch unseren Stoffwechsel runter. Wenn wir zu lange, zu wenig und zu einseitig essen, noch dazu Sport treiben, bei dem wir keine Muskeln aufbauen, reduziert unser Körper automatisch und dauerhaft seinen Grundumsatz.

Das heißt im Klartext, wir müssten immer weniger essen, um weiter abnehmen zu können. Das halten Körper und Psyche auf Dauer natürlich nicht durch, was wiederum das Gewicht hochschießen lässt, sobald wir wieder anfangen „normal" zu essen. Der allseits bekannte Jojo-Effekt!

Die einzige Formel, die zählt und in meinen Augen funktioniert, ist:

Kalorien realistisch reduzieren + Bewegung & Fitness + sich selbst motivieren = erfolgreiches Abnehmen

Der Schlüssel dazu ist ganz einfach. Wer eine gute Schulzeit, Studienzeit oder eine gute Ausbildung hatte, weiß später im Berufsleben, wie er erfolgreich sein kann. Genauso ist es auch beim Abnehmen.
Wer in seiner Abnehmphase viel über Ernährung oder Fitness lernt und sich in dieser Zeit intensiv mit dem Thema auseinandersetzt, sich informiert und weiterbildet, wird seine Sache gut machen.

Sieh deine nächste Diät also nicht als Last, sondern vielmehr als einen positiven Entschluss, dein Leben umzustellen und eine Berufsausbildung mit Abschluss und Zertifikat „Wunschgewicht" zu beginnen. Mit den Erfahrungen, die du dabei sammelst, kannst du Diätirrtümer leichter entlarven und die daraus oft folgenden Fehler passieren dir nicht mehr.

Genau so habe ich das gesehen und umgesetzt. Heute kann ich mein Gewicht viel leichter und erfolgreich halten, da ich mich mit mir, meinem Körper und den Prozessen beim Abnehmen auseinandergesetzt habe.

So hat es bei mir funktioniert ....

Ich habe dafür gesorgt, dass ich immer unter meiner tatsächlich benötigten Tages-Energiebilanz, also der pro Tag benötigten Kalorienmenge blieb. Dazu musste ich mich natürlich erstmal mit dem Grund- und Leistungsumsatz beschäftigen. Im nächsten Kapitel erfährst du dazu mehr, damit du deinen eigenen Umsatz berechnen kannst.

Nachdem mir klar geworden war, wieviele Kalorien ich überhaupt am Tag essen darf, um nicht weiter zuzunehmen, bestand der nächste Schritt darin, mir ein Defizit zu überlegen.

Bei meiner Abnehmgeschichte darfst du nicht vergessen, dass ich an „The Biggest Loser" teilgenommen habe, was ganz klar ein Abnehm-

wettbewerb war. Hattest du dort nicht jede Woche die bessere Leistung auf der Waage erbracht, warst du draußen. Dementsprechend war mein Defizit sehr hoch, denn ich musste schnell viel Gewicht verlieren. Ich kann aber nur jedem empfehlen, das Gewicht ohne Zeitdruck zu reduzieren. Klar hat es bei mir in fünf Monaten geklappt, aber es geht auch anders. Bedenke außerdem, dass sich die überschüssigen Kilos ja auch nicht innerhalb eines halben Jahrs angesammelt haben, sondern über die Jahre gekommen sind.
Damit du alles immer gut im Blick behältst, empfehle ich dir das Dokumentieren. Es gibt nichts Aussagekräftigeres, als eine Visualisierung dessen, was du alles zu dir nimmst.

Ich habe mir alles wie in einem Tagebuch aufgeschrieben. So konnte ich zum einen meine Kalorienzufuhr genau beobachten, zum anderen konnte ich auf dieser Grundlage optimal nachvollziehen, was in wel-

cher Woche gut und was weniger gut funktioniert hatte. Außerdem musste ich nicht immer wieder das Rad neu erfinden, sondern konnte einfach alle drei bis vier Wochen den Plan wiederholen.
Ich machte mir die Mühe, alles täglich handschriftlich aufzuschreiben. Ich finde, dass ich mich viel mehr mit etwas identifiziere, wenn ich Zeit und Mühe reinstecke. Natürlich gibt es viele gute Apps, die dir das auch alles genauestens ausrechnen und dokumentieren. Aber wenn ich mich selbst um die Informationen bemüht habe, um rauszubekommen was, wo, wieviele Kalorien hat, lernte ich viel intensiver und war mehr als nur einmal sehr erschrocken. Es stellte sich für mich heraus, dass so manches meiner früheren Mittagessen meinen gesamten Tagesbedarf auf einen Schlag abgedeckt hatte.

Ich fing an mich intensiv mit Lebensmitteln auseinanderzusetzen und bekam ein Gefühl dafür, wieviel Energie diese jeweils enthalten, welche Nahrungsmittel schlechte Fette oder versteckte Kohlenhydrate beinhalten und was man ohne schlechtes Gewissen gut essen kann. Dies wurde mein Fundament, mit dem ich mich bewährte und auf dem ich auch heute noch weitermachen kann, auch ohne Anleitung eines Coaches oder Trainers, der einem ja nicht immer zur Seite steht.

Bei all dem Ernährungswissen ist es aber genauso wichtig, auf die Bewegung zu achten. Gutes und ausreichendes Essen, Abstand vom reinen Hungergefühl und tägliche Bewegung haben meinen Stoffwechsel so richtig in Schwung gebracht. Genau mit dieser Kombination fühlt sich mein Körper weitaus fitter und gesünder an. Und ich bin überzeugt davon, dass dieser Plan auch bei dir aufgeht!

Meine goldenen Regeln für ein gesundes Essverhalten und einen vitaleren Lebensstil

Das Problem vieler Leute ist, dass sie über den Tag verteilt viel zu viel essen und sich dessen nicht bewusst sind. Genauso ging es auch mir früher. Wir sind ständig dazu verleitet, hier und da eine Kleinigkeit zu essen, ohne uns darüber klar zu sein, wieviele Kalorien wir in uns reinfahren.

Um aus der Falle „Daueressen" rauszukommen, musst du die Notbremse ziehen. Mir hat es anfangs sehr geholfen, mich auf ausschließlich drei Mahlzeiten zu beschränken und dabei bin ich bis heute geblieben. Morgens, mittags und abends. Snacks und Zwischenmahlzeiten hatte ich erstmal gestrichen, denn es wäre mir schwergefallen, mich danach wieder zu zügeln. Mittlerweile esse ich ab und zu auch mal einen Snack, wenn ich merke, dass der kleine Hunger kommt. Wobei es mir bis heute unheimlich schwer fällt, beim „Snacken" ein Ende zu finden. Oft kommt der Hunger mit dem Appetit und es dann nicht zu einer ausgiebigen Mahlzeit ausufern zu lassen ist immer noch herausfordernd. Hier stecken die alten Verhaltensmuster einfach noch zu tief in mir drin. Du darfst nicht vergessen, wieviele Jahre ich es verkehrt gemacht habe. Genau dieselbe Zeit werden mein Körper und ich wahrscheinlich brauchen, bis ich mich komplett umgestellt habe.

Das Wichtigste bei meiner Ernährungsumstellung war, dass ich mir bewusst Zeit für mein Essen nahm. Ich hörte auf im Stehen, auf der Couch, irgendwo schnell mal zwischendurch oder auf dem Weg zu essen.

Setz dich bewusst an den Tisch und schaffe Atmosphäre. Ich decke mir den Platz ein und sorge dafür, dass ich es mir selbst nett mache. Serviette, eine kleine Vase mit Blumen oder eine Kerze sind nicht notwendig für eine gesunde Ernährung, aber sie schaffen einen Raum zum Wohlfühlen. So zeigst du dir selbst Wertschätzung und du bist achtsam. Ich war dadurch viel eher bereit, innezuhalten und zu genießen. Das geht in unserer heutigen hektischen Zeit viel zu sehr verloren. Beschränke dich auf das Essen am Tisch. So signalisierst du deinem Kopf: Wenn ich vom Tisch aufstehe, ist das Essen beendet.

Wie oft hören wir uns selbst sagen: „Ich habe keine Zeit, ich muss schnell was essen." Daher war eine der strengsten Regeln für mich, mir für meine Mahlzeiten Zeit zu nehmen. Ich musste lernen, das Essen zu kauen und nicht zu schlingen. Ich bin beim Essen nicht auf der Jagd und sollte mich bei etwas so Essentiellem auch nicht hetzen lassen. Das kann ich jedem nur ans Herz legen! Sorgt für euch und fordert auch an eurem Arbeitsplatz diese Zeit für euch ein.

Ab und zu Pausen einlegen lässt ein Sättigungsgefühl einsetzen, das uns daran hindert, immer wieder Unmengen bis kurz vor dem Fresskoma zu essen. Das Sättigungsgefühl beginnt erst nach etwa zwanzig Minuten. Womit wir wieder beim Thema Zeit wären. Denn es ist gar nicht so einfach sich für ein Essen zwanzig Minuten Zeit zu lassen.

Ich persönlich finde es zusätzlich wichtig ohne Ablenkung zu essen. Leg dein Handy weg, mach den Fernseher aus. Wenn du isst, dann isst du. Sich ganz bewusst und ohne Ablenkungen beim Essen wahrzunehmen, hilft Körper und Kopf die Nahrung aufzunehmen.

Auch das Trinkverhalten wird oft stark unterschätzt. Dass ausreichendes Trinken wichtig für unseren Körper und unseren Stoffwechsel ist, wissen wir ja mittlerweile alle. Aber man kann es gar nicht oft genug sagen: Wer wirklich Schwierigkeiten damit hat, sollte sich kleine Tricks einfallen lassen, um sich zu mindestens 2 Liter Wasser zu motivieren.

Möglichkeiten dafür wären: Stell dir vier kleine 0,5 Liter Flaschen hin.

Am Ende des Tages sollten diese geleert sein. Füll dir immer das Glas neu auf, wenn du es ausgetrunken hast, damit es für den nächsten Trinklauf vorbereitet ist. Trinke vor dem Essen schon mal ein ganzes Glas leer, das füllt zudem den Magen. Setze dir zeitliche Fenster, bis wann du wieviel getrunken haben willst. Klar sollte auf jeden Fall sein, dass zu jeder Mahlzeit ein Glas mit einer Flasche Wasser dabeisteht.

Womit wir bei der nächsten, für mich fundamentalsten Regel wären. Setze das um, was du dir vorgenommen hast. Sei konsequent mit dir und nimm deine eigenen Beschlüsse auch ernst! Das soll nicht bedeuten, dass wir niemals scheitern oder manches sich weitaus schwieriger gestaltet als angenommen. Aber erst mal sollte es heißen: alles geben! Zieh einfach mal eine Sache durch, umso stolzer kannst du sein, wenn es funktioniert hat. Die besten Sachen passieren außerhalb der Komfortzone. Wenn ich etwas in meiner Abnehmzeit gelernt habe, dann ist es: Führe keine Diskussionen mit dir selbst, denn die gehen immer schlecht für dich aus.

Mach dir einen Plan für den Tag, für die Woche, für deine Mahlzeiten, für deine sportlichen Aktivitäten und dann zieh ihn durch.

Die regelmäßige sportliche Aktivität schließt meine Regeltafel ab. Für mich ist es für einen gesunden und vitalen Lebensstil unverzichtbar, mich mehrmals wöchentlich aktiv sportlich zu betätigen. Gerade wenn du gerne etwas schneller abnehmen möchtest, solltest du hier an deine Grenzen kommen. Aber schon die Änderung deines Tagesablaufs und das aktive Einbauen von mehr Bewegung wirkt sich positiv aus.

Hör bitte auf die Ausrede „Zeitmangel“ zu benutzen. Es ist alles eine Frage des Wollens. Du kannst in jeder Alltagssituation mehr Bewegung integrieren, was vielleicht zur Folge hat, dass du am Ende des Tages eine halbe Stunde weniger auf der Couch hast, dir aber mehr Lebensqualität schenkt. Geh zum Quatschen mit Freunden einfach spazieren, gerne auch etwas schneller, damit der Effekt stärker ist. Nimm für Erledigungen das Rad anstatt das Auto. Steige als Nutzer öffentlicher Verkehrsmittel beispielsweise drei Haltestellen früher aus, um den Rest zu laufen. Nimm die Treppen und nicht den Aufzug oder die Rolltreppen.

Alles Dinge, die wir sehr wohl schon mal gehört haben, auf die wir aber, wenn es ernst wird, wenig Lust haben. Doch diese kleinen Dinge unterstützen die Bewegung im Alltag sehr und wenn du sie regelmäßig tust, wirst du anfangen sie zu schätzen.

Jede Bewegung ist besser als keine Bewegung! Daher gilt es die Chancen des Alltags zu nutzen, um fit und gesund zu bleiben.

Hier meine Regeln nochmal zusammengefasst:

3 Mahlzeiten → morgens, mittags, abends.

Zeit nehmen fürs Essen → Am Tisch für Atmosphäre sorgen, ohne Ablenkung essen und auf Pausen achten.

Wasser trinken → jeden Tag mindestens 2 Liter. Bei jeder Mahlzeit steht das Wasser dabei.

Einen Plan erstellen → Die Woche mit einem Speiseplan und sportlichen Aktivitäten strukturieren.

Keine Diskussionen → Mach das, was du dir vorgenommen hast und ziehe es durch. Keine Ausreden.

Bewegung fest in den Alltag integrieren und dreimal die Woche sportlich aktiv sein.

Vielleicht hast du Lust dir meinen Wochenplan mal genauer anzuschauen und auch damit zu arbeiten. Es ist eine Idee, aber du kannst dir natürlich auch einen individuellen Plan machen. Ich kann jedem nur empfehlen, sich Zeit für eine gute Planung zu nehmen.
Mich unterstützt dieses Hilfsmittel sehr dabei meine Woche zu strukturieren. Es ist nicht verkehrt sich schon im Vorfeld damit auseinanderzusetzen, was du essen möchtest, damit du dementsprechend einkaufen und vorbereiten kannst. So weißt du im hektischen Alltag immer genau, wie es laufen soll.

Wochenplan

	Montag	Dienstag	Mittwoch	Donnerstag	Freitag	Samstag	Sonntag
Morgens							
Mittags							
Abends							
Aktivitäten							

Tipps für den Alltag

Dass Abnehmen schwerfällt, weiß jeder, der es schon mal versucht hat. Mach dir nichts daraus, wenn es so kinderleicht wäre, würden wir alle mit unserem Wunschgewicht rumlaufen. Umso stolzer kannst du dann auf dich sein, wenn DU es geschafft hast.
Die Krux an der Sache ist unser eigenes Verhalten. Wir sind absolute Gewohnheitstiere und es gefällt uns gar nicht, wenn wir mal anders müssen. Am Anfang hilft die eigene Motivation noch sehr. Wir wollen unbedingt und mit den ersten schnellen Ergebnissen sind wir auch immer sehr zufrieden. Aber nach ein paar Wochen beginnt es anstrengend zu werden. Wenn sich die Erfolge dann nicht mehr so rasant einstellen, wird es mühselig und wir bekommen das Gefühl, dass der eigene Körper und die Psyche gegen uns spielen.

Abnehmen funktioniert nur dann langfristig, wenn du wirklich dauerhaft dein Verhalten änderst. Aus eigener Erfahrung kann ich sagen, dass das Abnehmen selbst gar nicht das Schwerste ist. Du hast ein Ziel, das hältst du dir vor Augen und behältst es immer im Fokus. Die tatsächliche Abnehmphase ist absehbar und zeitlich begrenzt. Je nach gewünschtem Gewichtsverlust sind es ein paar Wochen oder Monate. Das kannst du schaffen, wenn du wirklich den Willen hast etwas zu verändern und konsequent mit dir selbst bist. Ich bin da besonders streng, denn viele Menschen finden so viele Ausreden dafür, warum etwas nicht funktioniert. Schluss damit! Du hast beschlossen, die Sache durchzuziehen und du ziehst es durch. Da gibt es keine Diskussion.

Das, was danach kommt, wenn du dein Ziel erreicht hast, ist das viel Schwerere. Denn dann musst du dein Gewicht halten. Ich möchte dich nicht schon im Vorfeld entmutigen, aber dir sollte bewusst sein, wer nachhaltig abnehmen möchte, muss sein Leben, seine Essgewohnheiten und seine Einstellung dauerhaft verändern. Andernfalls wirst du in alte Verhaltensmuster zurückrutschen, die dich ganz schnell wieder zu deinem alten Gewicht führen. Es ist ein Prozess.

Allerdings braucht es Jahre bis sich deine neuen Gewohnheiten gefestigt haben. Es wird zwischendrin immer wieder hart sein und diese Entwicklung verläuft auch nur in kleinen Schritten. Und doch macht es das Leben so viel wertvoller, weil du ganz viel Kraft und Energie geschenkt bekommst, die du mit nichts messen kannst. Lebensqualität ist so wertvoll, da sollte es keine Kompromisse geben.

Es gibt aber kleine Tipps und Tricks, die dich dabei unterstützen, von Gewohnheiten wegzukommen, oder sie zumindest so zu verändern, dass es dir leichter fällt. Trinke einfach öfter mal eine Tasse Tee.

Ein schöner Kräuter- oder Früchtetee ist lecker, hat eine beruhigende Wirkung und wärmt von Innen. Der Magen fühlt sich dadurch voll an und kann den kleinen Hunger vergehen lassen.
Mir hilft es ebenfalls, einen Tee oder auch einen Kaffee als Abschluss einer Mahlzeit zu trinken, wenn ich das Gefühl habe, mir gelüstet es noch nach etwas. Das kann auch ein super Trick sein, um die Gewohnheit „Nachtisch" auszutauschen. Meine absolute Teeempfehlung ist Süßholztee mit Minze oder ein reiner Minztee. Das ätherische Öl Menthol, welches in der Minze enthalten ist, signalisiert meinem Gaumen so ein Gefühl von frisch und sauber.

Diese Assoziation passt auch für den nächsten Tipp ganz gut. Putz dir nach Möglichkeit nach dem Essen die Zähne. Der Mentholgeschmack ist erfrischend, du tust damit deinen Zähnen etwas Gutes und dein Kopf wird sich zweimal überlegen, ob er noch was Kleines nascht, um dann wieder Zähne putzen zu müssen.

Für die schnellen Esser unter uns, zu denen ich auch ganz klar gehöre, habe ich ebenfalls einige einfache Tipps. Das große Schlüsselwort hier ist: Zeit. Wer sich Zeit nimmt, hat auch die Ruhe zu genießen und somit bewusst zu essen. Ich weiß, das Thema Kauen ist lästig, weil man es ja ganz genau weiß, aber Essen muss ausreichend gekaut werden. Setze dich wirklich mal bewusst hin und beobachte dich beim Kauen. Ob jeder Bissen jetzt zweiunddreißigmal oder zwanzigmal gekaut werden muss, ist eigentlich irrelevant. Wichtig ist, dass du alles ordentlich zerkaust. Wer kaut unterstützt seine Verdauung, wird dadurch automatisch langsamer und erhöht somit die Chance schneller satt zu werden.

Eine weitere gute Methode, um langsamer zu essen, ist das gelegentliche Austauschen der Essutensilien. Zudem ist es auch noch total lustig und definitiv außergewöhnlich beispielsweise mal mit Stäbchen zu essen. In anderen Kulturkreisen ist das selbstverständlich, warum also nicht auch mal hier? Oder du tauscht einfach mal die Hände und dann wird mit der linken Hand gelöffelt. Auch hier wirst du automatisch langsamer. Ich benutze aber auch gerne einfach mal einen kleineren Löffel oder eine kleinere Gabel.

Grundsätzlich ist es ein guter Rat öfter mal mit kleinerem Besteck und von kleinerem Geschirr zu essen. Durch einen kleineren Teller werden die Portionen kleiner, weil natürlich nicht so viel drauf passt. Für das Auge sieht er aber trotzdem prall gefüllt aus. Eine ganz klassische optische Täuschung.

Ich bin definitiv ein Freund von radikaler Umstellung.

Dieses langsame Abgewöhnen schlechter Gewohnheiten ist meines

Erachtens Quatsch. Ich selbst habe gute Erfahrungen mit radikaler Ernährungsumstellung gemacht und würde das auch immer nur so weitergeben. Das funktionierte damals, als ich das Rauchen aufgab und es war auch der richtige Weg beim Thema Essen. Seien wir doch mal ehrlich, der Plan heute nur noch eine halbe Tafel Schokolade zu essen, morgen dann nur noch ein Drittel und wenn es gut läuft irgendwann nur noch ein kleines Stück, geht in den wenigsten Fällen auf. Einfach alles weg, was verführen kann, Vorratsschränke und Schubladen cleanen und dann durchziehen. Gib einfach der Umstellung Zeit, bis sie sich etabliert hat, dann wird es dir einfacher fallen mit Bedacht zu genießen.

Ein weiterer Tipp ist das Beschränken auf drei Hauptmahlzeiten zum Sattessen. Wer hier gut und ausreichend isst, wie im Kapitel „Aufbau einer Mahlzeit und Portionsgröße" beschrieben, hat zwischendurch nicht mehr so viel Hunger. Lass zwischen den Mahlzeiten mindestens vier Stunden Zeit, damit dein Körper verdauen und verbrennen kann. Mit jeder Nahrungsaufnahme muss der Körper Insulin ausschütten, was die Fettverbrennung immer wieder unterbricht. Verspürst du doch mal Hunger, achte darauf, dass es nicht in Wirklichkeit Appetit oder Lust ist. In dem Fall kann es durchaus helfen, einfach für Ablenkung zu sorgen. Denn wenn du den Fokus in diesem Moment auch noch auf deinen Bauch lenkst, hast du verloren. Such dir eine aktive Beschäftigung. Wenn du die Möglichkeit hast, geh raus und spaziere eine Runde an der frischen Luft. Oder du suchst dir eine andere Beschäftigung. Ich denke jeder von uns hat genug Punkte auf seiner To-do-Liste.

Für ein erfolgreiches Abnehmen kann ich dir nur empfehlen dein Umfeld aktiv mit einzubinden. Teile dein Vorhaben mit Arbeitskollegen, Freunden und Familienangehörigen. Frage aktiv nach Unterstützung. In den seltensten Fällen wird jemand sagen: „Nein, ich habe keine Lust, dich zu unterstützen." Ich hatte anfangs ein sehr großes Problem damit, dass an meiner Arbeitsstelle im Kindergarten ständig Essen rumstand. Herrlich duftende Brezeln, leckere Kuchen und Muffins, irgendein Kind feierte immer Geburtstag oder Abschied. Die Reste standen dann immer verführerisch und auffordernd in der Küche herum. Ich habe meine Kollegen gefragt, ob wir die Reste nicht in den Kühlschrank stellen können, damit ich da nicht immer so draufschauen muss. Es war überhaupt kein Problem.

Ein absolutes MUSS in meinen Tipps für den Alltag ist das Strukturieren und Organisieren der Woche. Plane deine Tage. Nimm dir dafür Zeit. Schreib dir auf, wann du was essen willst. Benutze dazu gerne den Plan, den ich dir auf Seite 25 zeige. Trag hier auch gleich ein, wann du dir Zeit für Sport, Spaziergänge oder schöne Aktivitäten nehmen möchtest. Was das zu bedeuten hat erklärt sich im weiteren Text.

Für mich hat es sich sehr bewährt mein Essen vorzubereiten. Wenn der Hunger erstmal da ist, wird es schwierig vernünftig und bedacht zu agieren. Automatisch greift man dann zu der schnell verfügbaren Variante. Während der Woche koche ich mir mein Essen für die Arbeit vor. Das ist für mich der optimale Weg keine verarbeiteten Lebensmittel oder Fertiggerichte zu essen. Wenn ich selbst der Koch bin weiß ich, dass kein versteckter Zucker oder anderes enthalten ist.

Schenk dir selbst mehr Aufmerksamkeit. Wer kann die Frage: „Wieviel tust du ganz allein für dich?“ mit „viel“ beantworten? Wahrscheinlich keiner. Dabei ist es so wichtig für sich selbst zu sorgen und sich schöne Momente zu bereiten. Es macht uns glücklicher. Deswegen ist ein wirklich hilfreicher Tipp: Plane dir jede Woche mindestens eine schöne Aktivität ein, die du nur für dich alleine machst. Glaub mir, das ist Balsam für deine Seele. Du wirst insgesamt zufriedener, wenn du beginnst auf dich und deine Bedürfnisse zu hören.

Eine positive Einstellung zu sich und den Dingen ist unablässig, um glücklich zu sein. Mach dir die Dinge schön. Gestalte deine Aktivitäten mit Spaß. Wir alle wissen selbst am besten, was wir brauchen, um zufrieden zu sein, wenn wir tief in uns hineinhören. Und wenn du es doch nicht weißt, fang an auszuprobieren.

Um ein Beispiel zu nennen, das auch gleich ein weiterer Tipp ist: Sorge täglich für Bewegung im Alltag und mache mindestens zwei- bis dreimal pro Woche Sport. Mach dir den Sportbesuch schön. Verabrede dich mit einer Freundin oder einem Freund. Dadurch bekommst du noch zusätzliche Verbindlichkeit rein. Macht euch motivierende Musik auf die Ohren, sucht euch eine Sportart aus, die euch zum Strahlen bringt, weil ihr ganz viel Adrenalin ausschüttet. Belohne dich anschließend mit einem Saunagang und schon wird Sport zu einer beliebten Freizeitaktivität, weil du es mit Dingen verbindest, die dir Spaß machen.

Rede dir immer wieder positiv zu. Probier es echt mal aus, dich bewusst vor den Spiegel zu stellen und dich länger anzulächeln. Du wirst bald merken, wie positive Energien in deinem Gehirn landen. Es schadet nichts, sich selbst täglich mit einem kecken Lächeln zu sagen: „Ich bin klasse, heute ist ein guter Tag und ich schaffe das." Denk immer daran, dass aus Gedanken Worte werden und aus Worten Taten.

Zum Thema Selbstsorge gehört auch, auf ausreichend Schlaf zu achten. Es ist eine banale Sache, die aber sehr wichtig ist. Nur wenn du ausgeschlafen bist, kannst du ausgeglichen sein. Jeder kennt das, wer müde ist, wird unkonzentriert, unleidlich und ist nicht belastbar. Keine guten Voraussetzungen. Jeder Mensch braucht unterschiedlich viel Schlaf, aber für die meisten sind sieben bis acht Stunden gut. Der Körper kann in der Zeit zur Ruhe kommen, regenerieren und die Stoffwechselvorgänge können so arbeiten, wie es sein muss. Muskeln tanken wieder auf, Fett wird verbrannt und Gifte werden im Körper zur Ausscheidung vorbereitet.

Der Grundumsatz

Der Grundumsatz bezeichnet die Menge an Energie/Kalorien, die ein Mensch am Tag zur Lebenserhaltung benötigt. Das heißt, um überhaupt atmen, trinken oder essen zu können.
Dein persönlicher Grundumsatz hängt von verschiedenen Faktoren ab, wie Alter, Gewicht, Größe und Geschlecht.
Dazu kommt noch der sogenannte Leistungsumsatz. Beide Formeln habe ich dir hier leicht verständlich aufgeschrieben.
Ich möchte ausdrücklich darauf hinweisen, dass du mit den Formeln Richtwerte berechnen kannst. Jeder Mensch ist anders und es haben noch weitere Faktoren Einfluss auf den Kalorienbedarf, die nicht in eine Formel gepackt werden können. Beachte dies bitte.

Hier die Formel zum Berechnen deines Grundumsatzes:

Bei einer Frau sieht die Formel so aus:
655 + (9,5 x Gewicht in Kilogramm) + (1,9 x Größe in Zentimetern) – (4,7 x Alter in Jahren)

Bei Männern berechnet sich der Grundumsatz mit dieser Formel:
66 + (13,8 x Gewicht in kg) + (5,0 x Größe in cm) – (6,8 x Alter in Jahren)

Bei mir sieht die Berechnung so aus:
Alexandra ist 34 Jahre alt, 163 cm groß und wiegt 62 kg. Ich trage diese Angaben in die Harris-Benedict-Formel ein.
655 + (9,5 x 62 kg) + (1,9 x 163 cm) – (4,7 x 34) = 1393
Mein Grundumsatz, den ich brauche, um überhaupt leben zu können, beträgt also 1393 Kalorien pro Tag.

Formel vom Grundumsatz zum Leistungsumsatz

Jetzt habe ich meinen Grundumsatz. Der sagt aber nur aus, wieviel Kalorien ich mindestens pro Tag verbrauche. Er berücksichtigt noch nicht, wieviel ich mich am Tag bewege oder wie schwer meine tägliche Arbeit ist. Also muss ich zu meinem Grundumsatz noch den Leistungsumsatz berechnen. Der Leistungsumsatz PAL (physical activity level) errechnet sich aus verschiedenen Faktoren, die sich am Aktivitätslevel eines Menschen orientieren.

Diese Faktoren sind:

- nur sitzen oder liegen: 1,2 (schlafen)
- sitzen, kaum körperliche Aktivität: 1,4 – 1,5
  (leichte Tätigkeit, z. B. im Büro sitzen)
- sitzen, gehen und stehen: 1,6 – 1,7
  (leichte bis mittlere Tätigkeit, z. B. Schüler oder Studenten)
- hauptsächlich stehen und gehen: 1,8 – 1,9
  (mittlere Tätigkeit, z. B. Erzieher, Verkäufer, Handwerker)
- körperlich anstrengende Arbeit: 2,0 – 2,4
  (schwere Tätigkeit, z. B. Bauarbeiter oder Sport und Fitness)

Diese Faktoren multiplizierst du mit der Stundenzahl, die du mit jeder Tätigkeit beschäftigt bist. Zähle dann alle Werte zusammen und teile das Ergebnis durch 24. Das ist dein PAL, den du wiederum mit deinem Grundumsatz multiplizierst. Dann erhältst du den Tagesdurchschnitt.

Ein Beispiel:
Ich habe meinen Grundumsatz berechnet und will nun wissen, wie hoch mein Leistungsumsatz ist.
Ich schlafe im Durchschnitt etwa acht Stunden. Ich bin Erzieherin, übe also eine mittlere Tätigkeit aus und arbeite ebenfalls acht Stunden. Ich trainiere täglich etwa zwei Stunden im Studio. Den restlichen Tag, etwa sechs Stunden, verbringe ich damit, zur Arbeit zu fahren, auf der Couch zu liegen, einkaufen zu gehen, zu kochen und natürlich zu essen.
Diese Werte berechne ich:
(1,2 x 8) + (1,8 x 8) + (2,0 x 2) + (1,2 x 6) = 35,2
Diese Zahl teile ich nun durch 24 und erhalte meinen PAL von 1,46. Um jetzt meinen Leistungsumsatz zu berechnen, multipliziere ich den PAL mit meinem Grundumsatz:
1,46 x 1393 = 2034
Also liegt mein täglicher Kalorienbedarf bei etwa 2034 Kalorien pro Tag.

Bitte beachte, dass dieses Ergebnis ein Ausgangspunkt ist und lediglich ein Richtwert.

Das Rechenexempel ist nun ganz leicht!
Um Gewicht zu verlieren, musst du einfach dafür sorgen, dass du täglich unter deinem Tages-Kalorienbedarf bleibst. Iss weniger als du verbrauchst und du nimmst ab. Übertreibe es aber nicht, denn das ist längerfristig nicht gesund.

Ich habe täglich etwa 700 bis 800 Kalorien eingespart. Das war aber mein Gaspedal, weil es bei mir schneller gehen musste. Nicht vergessen, ich war „The Biggest Loser" Teilnehmerin. Diese radikale Einsparung hast du gar nicht nötig, um an dein Ziel zu kommen. Ich empfehle dir, nur etwa 300 bis 400 Kalorien weniger zu essen und dafür etwas mehr Sport zu machen.

Aufbau einer Mahlzeit und die richtige Portionsgröße

In Zeiten von „XXL“ und „All you can eat“ werden die Portionen immer größer und es fällt immer schwerer, das richtige Maß zu finden. Ich selbst hatte das Maß definitiv verloren. Vielleicht hatte ich es auch nie und musste von Grund auf lernen, was alles auf einen ausgewogenen Teller gehört und vor allem wieviel davon wichtig ist.

Ich zeige dir zwei Techniken, die ich selbst im Alltag gut einsetzen kann, um mich zu orientieren.

Als Erstes brauchst du Wissen darüber, was bei jeder Mahlzeit auf den Teller gehört. Der Aufbau einer Mahlzeit ist sehr einfach und sollte eigentlich immer gleich sein. Eine ausgewogene Mahlzeit besteht im Grunde genommen aus drei Teilen. Es sollten immer Kohlenhydrate, Eiweiße und Fette enthalten sein. Zusätzlich ist immer darauf zu achten, dass eine gute Portion Gemüse als weitere Sättigungsbeiläge enthalten ist.

Ein gutes Hauptgericht sollte demnach mindestens 500 Gramm auf die Waage bringen, sodass unsere Sinne befriedigt werden, wir aber auch Fülle im Magen verspüren, um ausreichend satt zu sein.

Hier ein Beispiel für ein Hauptgericht mit Fleisch:

Das Gewicht bezieht sich auf das gegarte Produkt.

200 Gramm Steak + 200 Gramm Gemüsebeilage + 100 Gramm Sättigungsbeilage, z. B. Naturreis.

Das Fleisch, wahlweise auch Fisch oder eine vegetarische Komponente, wie etwa Tofu, decken den Eiweißbedarf für die Mahlzeit ab. Das Fett kommt in diesem Beispiel in Form von guten Ölen auf den Teller.
Die Sättigungsbeilage Kohlenhydrate besteht aus Naturreis. Die letzte Zugabe auf dem Teller ist das Gemüse in aller Vielfalt und in jeglicher Form. Hier darfst du natürlich auch gerne über die Stränge schlagen und dich ordentlich satt essen.

Jetzt habe ich aber nicht immer eine Waage dabei und es ist auch nicht unbedingt alltagstauglich sich immer alles abwiegen zu müssen. Deshalb bin ich sehr dankbar dafür, dass mir die Handmethodik nahegebracht wurde. Sie eignet sich ausgezeichnet dafür, im Alltag eine ausgewogene Portionsgröße bestimmen zu können.

Meine Hand ist meine Waage. Egal, ob auf der Arbeit, zu Hause oder unterwegs, sie ist immer da und überall dabei und wird so zur simplen Messhilfe.

Das große Plus dieser Methode habe ich ja schon benannt, die Hand ist immer dabei. Zudem ist sie aber auch individuell, wächst mit und berücksichtigt somit auch den unterschiedlichen Bedarf eines jeden Menschen, je nach Alter und Geschlecht. Kleine Kinder, die weniger Nahrung brauchen, haben kleinere Hände, größere Schulkinder mit größeren Händen haben auch den größeren Hunger. Ebenso haben Frauen kleinere Hände als Männer und brauchen auch die kleinere Portion.

Eine Portion entspricht dabei einer Hand. Wie das genau funktioniert, zeigen dir die Bilder.

Handlehre

1 Eiweiß

Frauen:
Eine handflächengroße Portion

Eiweiß:
Fleisch, Fisch, Tofu/Soja, Eier- und Milchprodukte

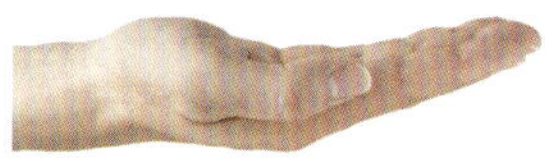

Männer:
Zwei handflächengroße Portionen

---

2 Gemüse

Frauen:
Eine faustgroße Portion

Gemüse:
Brokkoli, Spinat, Gurke, Salat, Karotten, etc.

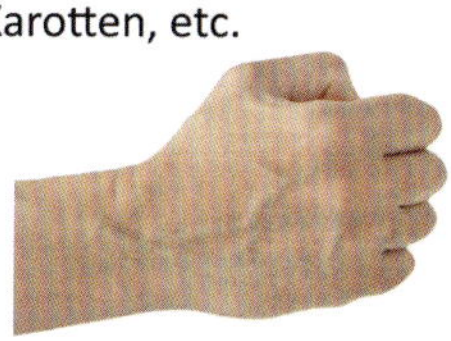

Männer:
Zwei faustgroße Portionen

---

3 Kohlenhydrate

Frauen:
Eine Portion einer hohlen Hand (20-30g Kohlenhydrate)

Kohlenhydrate:
Volkorngetreide, stärkehaltige Beilagen, Bohnen und Früchte

Männer:
Zwei Portionen einer hohlen Hand (ca. 40-60g Kohlenhydrate)

---

4 Fette

Frauen:
Eine daumengroße Portion (7-12g Fett)

Fette:
Öle, Butter, Nüsse und Samen

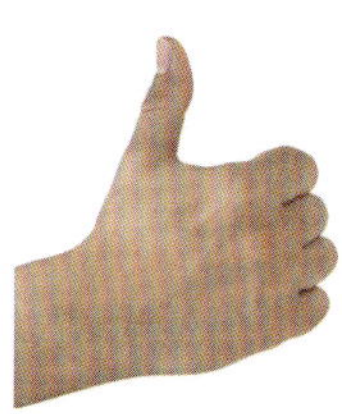

Männer:
Zwei daumengroße Portionen (ca. 15-25g Fett)

Alles über Kohlenhydrate, Fette und Eiweiße

Damit du eine Vorstellung davon bekommst, was alles an guten und qualitativ hochwertigen Makronährstoffen einsetzbar ist, stelle ich dir hier meine eigene, selbst zusammengetragene Liste zur Verfügung. Einen idealen Telleraufbau mit allen Komponenten wie Kohlehydrate, Fette und Eiweiße, bekommst du nach dem Handprinzip.

Gute Kohlenhydrate:

1. Buchweizen, Hirse, Dinkel, Couscous oder Bulgur, Quinoa, sämtliche Hülsenfrüchte (Linsen und Kichererbsen), Grünkern, Haferflocken, Vollkorn jeder Art, Kartoffeln, Süßkartoffeln, Naturreis.

Dies sind für mich alles Sättigungsbeilagen als Teil meiner Hauptgerichte. Weißt du mal nicht, was du dir zu deinem Fleisch, Fisch oder deinem vegetarischen Gericht kochen sollst, kannst du dich hier inspirieren lassen. Findest du in meinen Rezepten eine Beilage, die dir nicht gefällt oder schmeckt, tausche sie einfach gegen eine andere aus.

2. Jedes Obst.
   Dennoch ein kleiner Tipp: Suchst du nach besonders kohlenhydratarmen Obst, empfehle ich dir sämtliche Beeren (Erdbeeren, Blaubeeren, Himbeeren, Johannisbeeren, Brombeeren, Stachelbeeren), Papaya, Pfirsich, Aprikose, Pflaume, Grapefruit, Guave, Kaktusfeige, Wassermelone.

Gute Fette:

Pflanzliche Fette aller Art:

1. Öle mit hohem ungesättigten Fettanteil.
   In meiner Küche verwende ich besonders gerne Olivenöl, Leinöl, Rapsöl, Distelöl, Kürbiskernöl und Kokosöl.

2. Kerne, Nüsse und Samen.
   Auch hier benutze ich die komplette Sparte, die mir in diesem Bereich zur Verfügung steht. Sonnenblumenkerne, Kürbiskerne, Chiasamen, Leinsamen, Sesam, Cashewkerne, Mandeln, Haselnuss, Walnuss, Erdnuss, Pekannuss und Pistazien.

3. Avocado.

Gute Eiweiße:

Solltest du nach einer hochwertigen Eiweißoption auf deinem Mahlzeitenteller suchen, kannst du dich gerne an diesen Angaben orientieren.

1. Tierische Eiweiße, die ich mir besonders aus Fleisch, Fisch, Eiern und Milchprodukten hole.
   Fleischsorten können sein: Geflügel (Hähnchen, Pute), Rind, Schwein, Wild und Lamm.
   Fischsorten können sein: Lachs, Kabeljau, Wolfsbarsch, Zander, Dorade, Thunfisch und Seelachs.
   Meeresfrüchte können sein: Garnelen, Krabben und Tintenfisch.
   Milchprodukte können sein: Quark, Joghurt, Skyr, Milch, Buttermilch natur, Käse jeglicher Art, Fetakäse, Frischkäse, Hüttenkäse und Harzer.
   Hühnereier.

2. Es gibt aber auch die Möglichkeit das pflanzliche Eiweiß über Soja und Sojaprodukte, Tofu und Lupinen aufzunehmen. Pflanzliches Eiweiß findet sich auch in pflanzlichen Lebensmitteln wie Getreide, Hülsenfrüchten oder Nüssen, diese kann der Körper allerdings weniger gut aufnehmen.

Es kommt immer auf die richtige Mischung an. Die Kombination aus tierischem und pflanzlichem Eiweiß ist für mich die beste Option.

Alternative Süßungsmöglichkeiten:

Zum Schluss möchte ich noch auf die alternativen Süßungsmöglichkeiten eingehen und dir einige vorschlagen, die ich selbst statt dem üblichen Haushaltszucker verwende.
Da gibt es zum einen die kalorienfreie Variante Süßstoff. Ich verwende ihn bevorzugt flüssig, denn so ist er am vielfältigsten einsetzbar. Außerdem gibt es noch Stevia, Xylit (Birkenzucker) und Erythrit.
Kokosblütenzucker, Ahornsirup, Agavendicksaft, Dattelsirup und Reissirup sind die kalorieenreichen Varianten.

Mit Sicherheit lassen sich noch viele weitere Möglichkeiten finden, Süße auszutauschen oder zu ersetzen, aber das sind die Optionen, mit denen ich selbst Erfahrungen gemacht habe.

Trockenfrüchte besonders Datteln, aber auch Feigen, Pflaumen, Aprikosen und Rosinen schmecken sehr süß und sind natürliche Süßungsmittel. Frisches Obst fällt natürlich auch in diese Rubrik. Es gibt Obstsorten mit besonders viel Zuckeranteil wie Banane, Traube, Granatapfel, Feige, Kaki, Ananas oder Mango.

Zu welcher Süßungsmethode du persönlich greifst, musst du letztlich für dich selbst entscheiden.

Das kleine Kücheneinmaleins

Garmethoden im Überblick

Dampfgaren: Fleisch, Fisch oder Gemüse werden in einem Siebeinsatz in einen Topf mit siedendem Wasser eingehängt. Das Gargut darf hierbei mit dem Wasser nicht in Kontakt kommen. Dadurch wird es besonders vitaminschonend gegart und es werden keine Geschmacksstoffe ausgeschwemmt. Wichtig ist, den Topf während des Garens fest zu verschließen. Werden dem Wasser Kräuter oder Gewürze zugegeben, ziehen die darin enthaltenen Aromen mit dem Dampf in das Gargut. Diese Garmethode ist besonders schonend und kalorienarm.

Dünsten: Dünsten eignet sich besonders gut für Fisch und Gemüse. Gemüse wird vorher gewaschen und zerkleinert, Fisch kann als Ganzes oder als Filet gegart werden. Zum Dünsten wird das Gargut in einem geschlossenen Topf mit wenig Wasser oder Brühe erhitzt, wo es langsam gar zieht.

Garen in Alufolie: Fisch und Gemüse können sowohl im Ofen als auch auf dem Grill in Alufolie verpackt gegart werden. Fisch oder Gemüse werden mit einer kleinen Menge Öl bepinselt und mit Kräutern in Alufolie zu Päckchen verpackt, die dann bei geringer bis mittlerer Hitze gar ziehen.

Braten: Zum Braten wird ein hocherhitzbares Öl stark erhitzt. Dann wird das Fleisch oder Wurzelgemüse in das heiße Öl gegeben und bei hoher Temperatur angebraten. Dies nennt sich scharf anbraten. Je nach Rezept werden Fleisch oder Gemüse dann noch bei niedrigerer Temperatur weiter gebraten.

Schmoren: Zum Schmoren wird das Fleisch erst scharf angebraten und dann mit Brühe oder Wein abgelöscht. Bei niedrigerer Temperatur schmort das Fleisch langsam vor sich hin, gerne auch zusammen mit Wurzelgemüse. Hierzu verwendet man am besten einen Römertopf aus Ton, den man sowohl im Backofen als auch auf dem Herd verwenden kann. Wer das Wurzelgemüse mitschmort kann am Ende der Garzeit aus Fleischsaft und Gemüse eine leckere Soße pürieren.

Backen: Zum Backen wird der Ofen auf die im Rezept angegebene Temperatur vorgeheizt. Temperatur und Backzeit hängen stark von der Art des Gebäcks ab. Wichtig ist darauf zu achten, ob im Rezept Umluft, Unter- und Oberhitze oder nur Unter- oder Oberhitze angegeben ist. Ebenso sollte bei vielen Rezepten der Ofen während des Backens nicht geöffnet werden, da das Backgut dadurch in sich zusammenfallen kann.

Rösten: Beim Rösten werden Gemüse oder Brotwürfel ohne Zugabe von Fett stark erhitzt. So entstehen die für viele Gerichte typischen Röstaromen. Röstgemüse bildet beispielsweise eine Grundlage für Fonds. Die Knochen von Geflügel, Schwein oder Rind werden ebenfalls ohne Zugabe von Fett geröstet und bilden so die Grundlage für Fonds.

Köcheln: Anders als beim Kochen wird hier die Temperatur nach dem Aufkochen stark reduziert, so dass das Gargut nur noch leicht vor sich hinköchelt.

Frittieren: Frittieren ist mit Sicherheit nicht die beste Garmethode für Abnehmwillige. Ich möchte aber trotzdem darauf eingehen, da du beim Frittieren viel falsch machen kannst, was sich dann auf deinen Hüften bemerkbar macht.
Als erstes solltest du ein hocherhitzbares Öl mit möglichst hohem Anteil an ungesättigten Fettsäuren verwenden. Dann ist es wichtig, eine ausreichend große Menge Öl zu verwenden und diese auf die richtige Temperatur zu erhitzen, abhängig vom Gargut. Jetzt denkst du vielleicht, dass du doch eigentlich fettarm kochen solltest, aber beim Frittieren ist es wichtig, eine ausreichend große Menge Öl zu erhitzen, um am Ende ein möglichst „fettarmes" Ergebnis zu bekommen. Das klingt paradox, lässt sich aber leicht erklären.
Kartoffeln und Paniertes nehmen umso mehr Fett auf, je kühler das Öl ist oder je mehr es durch das zugegebene Gargut abkühlt. Wurde ausreichend Fett erhitzt, kühlt das Öl bei der Zugabe des Garguts nicht so sehr ab. Die Oberfläche erhält schneller eine Kruste, wodurch weniger Fett aufgenommen wird. Bildet sich diese Kruste erst langsam, nimmt das Gargut Fett auf wie ein Schwamm.

Kräuter und Gewürze

Beim Kochen unterscheidet man grundsätzlich zwischen Kräutern und Gewürzen, wobei frische Pflanzenteile als Kräuter bezeichnet werden und Gewürze aus getrockneten Pflanzenteilen bestehen.

Zu den Gewürzen zählt neben den getrockneten Pflanzenteilen auch noch das Salz.

Wichtig ist, dass Gewürze oft intensiver schmecken als ihre frischen Brüder und Schwestern. Dies liegt daran, dass die ätherischen Öle hier in konzentrierter Form vorliegen. Achte also darauf, ob im Rezept von frischen Kräutern oder von Gewürzen die Rede ist.

Verwende Kräuter und Gewürze gern in großer Menge. Sie enthalten zum Teil verdauungsfördernde Inhaltsstoffe. Außerdem enthalten sie viele Vitamine und haben oftmals auch heilende Wirkung.

Wenn du dich traust, etwas herumzuexperimentieren, kannst du deinen Gerichten mit Kräutern und Gewürzen immer wieder eine neue Note geben.
Kräuter und Gewürze verbessern nicht nur den Geschmack und sind gesund, durch ihr Aroma helfen sie dir auch Speisesalz einzusparen, was besonders für Personen mit Bluthochdruck hilfreich ist.

Im folgenden Abschnitt stelle ich dir die wichtigsten in CLEVER ESSEN verwendeten Kräuter und Gewürze vor.

Basilikum: Wird besonders gerne im Mittelmeerraum verwendet. Du kennst bestimmt Tomate-Mozzarella mit Basilikum. Die frisch abgezupften Blätter gibst du als Ganzes oder grob zerkleinert über das fertige Gericht. Basilikum solltest du nicht erhitzen, da es dabei an Farbe und Geschmack verliert. Basilikum passt hervorragend zu Tomaten.

Bärlauch: Ist mit dem besser bekannten Knoblauch verwandt. Er schmeckt deutlich milder als Knoblauch. Die in Streifen geschnittenen Blätter eignen sich zum Würzen von Suppen, Salaten, Gemüse- und Nudelgerichten. Bärlauch eignet sich zudem, wie Basilikum, zur Herstellung von Pesto, ebenso für Gewürzbutter oder Dips auf Quark- oder Joghurtbasis.

Chili: Gehört zur Familie der Paprika. Seine pfeffrige Schärfe variiert von mild bis sehr scharf. Wer es nicht so gern scharf mag, sollte vor dem Kochen unbedingt die Kerne aus der Chili entfernen. Chili eignet sich hervorragend zur Zubereitung von Soßen. Bekannt ist Chili den meisten aus Chili con Carne, einem mexikanischem Bohneneintopf. Aus Chili kannst du super Chiliöl zum Braten oder Verfeinern von Salaten herstellen. Chili regt den Stoffwechsel an. Brennt dir die Chili im Mund, löscht du am besten mit Milch.

Curry: Passt hervorragend zu Gemüse und Fleisch, insbesondere zu Hähnchen. Curry ist von ganz mild bis zu würzig scharf erhältlich. Mit ein wenig Curry im Kochwasser gibst du deinem Reis eine schöne gelbe Farbe. Aber Achtung, Curry färbt auch Kleidung und Plastik gelb. Deshalb empfiehlt es sich beim Kochen immer eine Schürze anzuziehen.

Dill: Ist in Deutschland auch unter dem Namen Gurkenkraut bekannt. Als solches wirst du es vielleicht auch kennen. Dill schmeckt leicht nach Anis und wird sowohl frisch, als auch getrocknet verwendet. Es empfiehlt sich jedoch, wenn möglich zu frischem Dill zu greifen, da getrockneter Dill oft sehr wenig Aroma besitzt. Auch mit Dill lassen sich leckere Dips auf Quark- oder Joghurtbasis herstellen.

Gartenkresse: Passt mit seiner pfeffrigen Schärfe und Frische hervorragend zu Salaten und Eierspeisen, ebenso zu Dips auf Quark- oder Joghurtbasis. Da Kresse beim Erhitzen bitter werden kann, sollte sie immer nur frisch verwendet werden.

Estragon: Ist nicht unbedingt jedem bekannt. Wer aber die in Hessen sehr beliebte „Frankfurter Grüne Soße" schon mal gegessen hat, kennt ihn schon. Estragon ist leicht bitter und leicht scharf. Er wird bevorzugt frisch verwendet. Dazu zupfst du die Blätter einfach vom Stiel und zerrupfst sie mit den Fingern. Estragon passt hervorragend zu Eierspeisen, verleiht Soßen das gewisse Etwas und verfeinert Geflügelgerichte.

Ingwer: Darf in vielen asiatischen Gerichten nicht fehlen. Sein Geschmack ist scharf und leicht zitronig. Verwendet wird die geschälte und kleingeschnittene oder geraspelte Wurzelknolle. Da Ingwer im Geschmack sehr intensiv ist, taste dich bei der Dosierung lieber langsam heran. Ein Aufguss aus Ingwer, Zitrone und Minze ist ein erfrischender Durstlöscher, der dir hilft, die Pfunde purzeln zu lassen.

Koriander: Wird gerne in der asiatischen Küche verwendet. Seinen Geschmack empfinden viele als seifig. Deshalb ist hier Vorsicht geboten. Wenn du für Freunde kochst, bestreu lieber die einzelnen Portionen mit frisch gezupftem Koriander. Da Koriander beim Erhitzen an Geschmack verliert, kommt das dir und deinen Gästen entgegen. Koriander wird vorwiegend für asiatische Suppen und Currys verwendet.

Kurkuma: Bildet die Grundlage für die Gewürzmischung Curry. Kurkuma ist mit Ingwer verwandt und ebenso wie beim Ingwer wird die Knolle verwendet. Da Kurkuma sehr, sehr stark färbt solltest du unbedingt Einmalhandschuhe anziehen und auf Plastikgeschirr und Plastikdosen verzichten. Am besten greifst du auf Kurkumapulver zurück.

Majoran: Stammt aus der Küche des Mittelmeerraums. Da er sehr intensiv ist empfiehlt es sich, ihn vorsichtig zu dosieren. Majoran passt zu Schwein und Lamm. Außerdem schmeckt er sehr gut zu Kartoffeln und gibt deinen Suppen einen neuen Twist.

Melisse/Zitronenmelisse: Ist vielen als Heilpflanze bekannt. Da Melisse einen erfrischenden und an Zitrone erinnernden Geschmack und Geruch hat, ist sie der ideale Begleiter für sommerliche Salate und Drinks. Du mischt einfach die frisch gezupften und klein geschnittenen Blätter deinen Salaten und Drinks bei. Ganze Melisseblätter sind eine hübsche Dekoration für deine Desserts.

Salbei: Wird ebenfalls gern im Mittelmeerraum verwendet. Sein milder bis streng bitterer Geschmack ist aber nicht jedermanns Sache. Wie die meisten Kräuter des Mittelmeerraumes eignet sich Salbei zum Würzen von Lamm. Er passt aber ebenso gut zu Kalbfleisch und Leber.

Petersilie: Es gibt glatte und krause Petersilie. Die glatte Petersilie ist geschmacksintensiver und wird sehr gerne in der türkischen und persischen Küche verwendet. Junge Petersilie kannst du mit Stiel verwenden, bei älteren Pflanzen werden nur die Blätter abgezupft und fein geschnitten. Petersilie passt besonders gut zu Kartoffelgerichten, Tomaten, Gemüse und Salaten.

Thymian: Stammt ebenso wie Oregano, Salbei, Rosmarin aus dem Mittelmeerraum. Da er sehr kräftig und herb ist solltest du dich auch hier bei der Dosierung langsam herantasten. Thymian passt hervorragend zu Fleisch und findet auch gern Verwendung bei der Herstellung von Wurst.

Rosmarin: Zählt zu den Kräutern des Mittelmeerraumes. Da er sehr intensiv und leicht bitter ist, solltest du die abgezupften und feingehackten Nadeln nur vorsichtig verwenden. Je nach Garmethode kannst du jedoch einen ganzen Zweig Rosmarin am Stück zugeben. Rosmarin ist ein hervorragender Begleiter zu Lamm, ebenso zu mediterranem Grillgemüse und Kartoffeln aus dem Ofen.

Schnittlauch: Gehört neben Petersilie zu den in Deutschland am besten bekannten Kräutern. Schnittlauch solltest du möglichst frisch verwenden. Getrockneter Schnittlauch schmeckt leider oft nach Pappkarton. Am besten schneidest du den Schnittlauch mit einer Küchenschere in kleine Röllchen. Er passt sehr gut zu Tomaten und Eiern, eignet sich für Kräuterbutter und ein Dip auf Quark- oder Joghurtbasis mit Schnittlauch ergibt mit Pellkartoffeln schon eine kleine Mahlzeit.

Minze: Wird ähnlich verwendet wie Melisse, erinnert aber im Geschmack mehr an Menthol. Die feingeschnittenen Blätter verfeinern Salate, Drinks, Desserts und Lammgerichte.

Anmerkung: fast alle oben genannten mediterranen Kräuter kannst du zur Zubereitung von Ofengemüse verwenden. In Dressings geben sie deinen Blattsalaten einen neuen Pfiff.

Essig und Öl aromatisieren

Um ein bisschen Abwechslung in deine Küche zu bringen, kannst du Essig und Öl selbst aromatisieren. Basis hierfür ist jeweils ein gutes Öl mit hohem Anteil an ungesättigten Fettsäuren, wie kaltgepresstes Olivenöl, Distelöl oder auch Rapsöl. Beim Essig kannst du zum Aromatisieren auf einen preiswerten, relativ neutralen Essig, wie Weißweinessig oder Apfelessig zurückgreifen.

Essig aromatisieren

Du kannst Essig mit nahezu allen Kräuter aromatisieren. Dazu reinigst du die Kräuter, tupfst sie vorsichtig trocken und gibst sie in eine gut verschließbare Flasche. Dann erhitzt du den möglichst neutralen Essig, bis er fast kocht und gießt die noch dampfende Flüssigkeit zu den Kräutern in die Flasche. Die Flasche sofort gut verschließen. Natürlich kannst du zu deinen Kräutern auch klein gehackten Knoblauch oder Chili geben.

Jetzt lässt du deinen Essig nur noch für etwa eine Woche an einem kühlen, aber nicht zu kalten Ort ziehen. Fertig ist dein hausgemachter Kräuteressig.

Fruchtessig selbst herstellen

Hierfür kochst du die Früchte oder Fruchtstücke, zum Beispiel Himbeeren, für etwa 10 Minuten mit einem Teil des Essigs. Das Ganze füllst du dann mit dem Rest des Essigs in eine gut verschließbare Flasche. Du kannst deinen Fruchtessig noch verfeinern, indem du ihn mit Honig, braunem Zucker, Agavendicksaft oder Zitrone abschmeckst.
Der Fruchtessig braucht nun etwa eine Woche zum Durchziehen. Da-

nach gießt du den Essig durch einen Kaffeefilter, ein sehr, sehr feines Sieb oder ein Mulltuch.

Da sich Fruchtessig nur wenige Monate hält, solltest du diesen nur in kleinen Mengen herstellen. Fruchtessig eignet sich aber auch gut als kleines Geschenk für Freunde.

Öl aromatisieren

Auch zum Aromatisieren von Öl eignen sich nahezu alle Kräuter. Interessant sind Knoblauch und Chili sowie die Schalen unbehandelter Zitronen, Limetten oder Orangen.

Zum Abfüllen deines selbst aromatisierten Öls solltest du unbedingt eine dunkle Flasche verwenden. So hält sich das Öl länger.

Prinzipiell solltest du alle Zutaten, mit denen du aromatisierst, gut waschen. Wenn du die Schale verwendest, nimm Bioprodukte. Danach gibst du einfach alle gewünschten Zutaten in die dunkle Flasche und füllst mit Öl auf.

Ebenso, wie selbst gemachte Essige, halten sich die Öle nicht unbegrenzt.

Salate

Wer CLEVER ESSEN will, sollte möglichst oft zu Salaten greifen. Salate sind reich an Vitaminen und Mineralstoffen. Durch ihren hohen Wasseranteil sind sie sehr kalorienarm.

Aber Achtung: Mit Käse, Schinken, Mais, Thunfisch und Oliven wird auch ein Salat schnell zur Kalorienbombe. Deshalb solltest du diese Zutaten nur sparsam verwenden. Das Gleiche gilt natürlich auch für Sonnenblumenkerne, Pinienkerne und Nüsse.

Auch auf das richtige Dressing kommt es natürlich an. Ein Dressing auf Joghurtbasis enthält in der Regel wesentlich weniger Fett als eins auf Sahne- oder Essig-Öl-Basis. Da Fett ein Geschmacksträger ist, kannst du hier mit Kräutern den Ausgleich schaffen und Pepp in deine Salate bringen.

Grundsätzlich kannst du immer deinen Lieblingssalat verwenden und mit unterschiedlichen Kräutern und Dressings variieren.

Ich stelle dir die gängigsten Salatsorten einmal vor.

Kopfsalat und Eisbergsalat: Sind bei den meisten sehr beliebt, enthalten aber nur sehr wenige Vitamine. Wer trotzdem nicht auf Kopfsalat oder Eisbergsalat verzichten möchte, sollte diesen mit anderen Salaten mischen. Dazu eignen sich insbesondere Rucola, auch genannt Rauke, und Radicchio.

Rauke und Radicchio: Enthalten beide den Bitterstoff Intybin, der ihnen ihr typisches Aroma verleiht. Intybin ist sehr gesund, da es die Verdauung anregt. Zusätzlich hat Rauke auch noch eine antibakterielle Wirkung und gibt deinen Salaten ein nussiges Aroma.

Lollo Rosso und Lollo Bionda: Vertragen mit ihrem leicht herben Aroma kräftige Dressings. Sie eignen sich bestens zum Mischen mit Kopfsalat und werten diesen geschmacklich und mit Vitaminen und Mineralien auf.

Endivie: Ist durch seinen bitteren Geschmack bei vielen nicht so beliebt. Sollte aber trotzdem oft auf den Speiseplan, da er die Fettverbrennung unterstützt. Endivie lässt sich prima mit süß-säuerlichem Obst, wie Mandarine oder Orange, kombinieren. Das nimmt ihm etwas von seiner Bitterkeit, ohne dass die wertvollen Bitterstoffe verloren gehen.

Baby Leaves: Sind junge Blätter von Mangold oder Spinat. Da sie sehr zart sind und das jeweils typische Aroma enthalten, erfreuen sie sich wachsender Beliebtheit. Baby Leaves eignen sich hervorragend für einen gemischten Salat.

Chicorée: Enthält viele Bitterstoffe, die die Verdauung anregen. Diese Bitterstoffe sind auch für sein typisches Aroma verantwortlich. Chicorée schneidest du am besten der Länge nach in zwei Teile und trennst den weißen Teil keilförmig mit dem Messer raus, da dieser besonders bitter ist. Die Blätter schneidest du in etwa 8 mm breite Streifen. Mit dem passenden Dressing, Mandarinen oder Orangen sowie gehackten Walnüssen wird Chicorée zur Delikatesse. Chicorée kann auch als Gemüse zubereitet und im Ofen überbacken werden.

Einen kalorienarmen und nach Möglichkeit verdauungsfördernden Salat kannst du immer als Vorspeise essen. Er füllt den Magen und du nimmst automatisch weniger des oft kalorienhaltigeren Hauptgerichts zu dir.

Statt stark kalorienhaltiger Toppings wie Käse, Schinken, Mais, Oliven und Thunfisch peppst du deinen Salat am besten mit Tomaten, Paprika, Gurken und Radieschen auf. Auch geraspelte Möhren und geraspelter Rettich sind eine Bereicherung.

Für den Crunch sorgt eine kleine Menge Pinien- oder Sonnenblumenkerne. Wobei Sonnenblumenkerne hier die preiswertere Alternative sind. Auch die komplette Sparte der Nussfamilie, wie Walnüsse, Haselnüsse, Mandeln oder Cashewkerne bieten sich zu Salaten an.

Natürlich funktioniert Salat auch super als Hauptspeise. Hier darfst du dann auch gern ein wenig mehr an Zugaben verwenden. Achte aber darauf, die einzelnen Bestandteile immer mit Bedacht zu portionieren. Auch wenn sie gesund sind, kommen sie oft sehr kalorienreich daher. Ich empfehle dir, deinen Salat immer wieder durch die Beigabe unterschiedlicher Kräuter zu variieren. So bleibt Salatessen abwechslungsreich und attraktiv.

CLEVER ESSEN mit meinem Farbensystem

Anleitung für das Farbensystem in meinem Kochbuch.

Du findest zu jedem Rezept in meinem Kochbuch eine Kennzeichnung in Form eines Farbpunktes. Ich habe grüne, gelbe und rote Punkte vergeben.

Das hat einen ganz einfachen Grund. Für mich war es am Anfang schwer einzuschätzen, welche Mahlzeit für welche Tageszeit am besten geeignet ist.
Ein Pastagericht schmeckt auch am Abend köstlich, behindert aber die Fettverbrennung und macht so das Abnehmen schwer. Am Mittag aber gibt es dir ordentlich Energie, um nochmal durchzustarten. So kannst du am Nachmittag Vollgas geben und vor allem sportlich aktiv sein.

Ich bin kein Low Carb Befürworter, aber für mich macht es sehr wohl etwas aus, wann und zu welcher Uhrzeit ich ein energiedichtes Essen zu mir nehme. Abends, etwa zwei bis drei Stunden vor dem zu Bett gehen, hat ein kohlenhydratreiches Gericht nicht mehr wirklich die Chance verbrannt zu werden. Diese Energiezufuhr brauche ich abends, wenn ich zur Ruhe komme, nicht mehr. Am allerwenigsten, wenn ich mein Gewicht reduzieren möchte.

Mit den farblichen Markierungen ist es für dich noch einfacher, die richtige Mahlzeit für Frühstück, Mittag- oder Abendessen auszuwählen.

Rezepte mit grüner Kennzeichnung bevorzuge ich Aufgrund ihrer sehr ausgewogenen Aufteilung in Kohlehydrate, Eiweiße und Fette am Morgen.

Die Mahlzeiten mit gelber Kennzeichnung enthalten ebenfalls eine ausgewogene Auswahl aller wichtigen Komponenten auf einem Mahlzeitenteller. Diese Rezepte sind nach meiner Vorstellung wegen ihres Kohlehydrat-, Fett- und Eiweißanteils für die Mittagszeit gut geeignet.

Gerichte mit roter Kennzeichnung haben einen hohen Proteinanteil und enthalten weniger bis keine Kohlenhydrate. Sie können somit helfen über Nacht weitere Kalorien zu verbrennen und den Muskelaufbau zu fördern. Diese Rezepte bevorzuge ich abends.

Mit dieser Gebrauchsanweisung solltest du gut durch meine Rezepte kommen.
Ich habe zu jedem Rezept die Nährwerte ausgerechtet, diese beziehen sich jeweils auf eine Portion und sind lediglich Durchschnittswerte.

Ich wünsche dir ganz viel Spaß beim Ausprobieren und Nachkochen meiner Rezeptsammlung. Ich wünsche allen Lesern, dass sie mit der gleichen Neugier an die Rezepte gehen, wie ich damals. Für mich waren diese Gerichte der Beginn einer Reise zum Erfolg.

Probier dich einfach aus, verändere die Rezepte gerne weiter und/oder ersetze einzelne Komponenten, wenn du andere Sachen magst.

Meine Rezepte

Frühstück

CHAPATA 2,00 €
BARRA GALLEGA 1,00 €
GALLEGO
PANECILLO 0,18 €
PAN ANIS 0,38 €

Das Frühstück war schon immer eine meiner liebsten Mahlzeiten. Es gibt so viele unterschiedliche Ernährungskonzepte und Aussagen rund um die Frage „Frühstück ja oder nein". Fragt man hier zehn Fachleute, bekommt man elf unterschiedliche Aussagen. Jeder sieht die Wichtigkeit des Frühstücks ein bisschen anders und schlussendlich müssen wir da alle den für uns ganz individuell passenden Weg finden, der zu uns und unserem Lebensstil passt. Keinem von uns ist damit geholfen, wenn wir uns zu etwas zwingen, das partout gegen unsere Bedürfnisse geht.

Studien zeigten, dass es nicht ungesund sei, das Frühstück auszulassen.
Für mich hat sich allerdings definitiv die alte Devise bewährt: „Morgens wie ein Kaiser, mittags wie ein König und abends wie ein Bettler." Was nicht bedeuten soll, dass ich am Morgen die Massen in mich reinstopfe, damit ich sie über den Tag noch verbrannt bekomme. Damit will ich eher sagen, dass ich zum Frühstück alles sehr ausgewogen halte und von Fetten, über Kohlenhydraten und Proteinen alles ausreichend esse, so dass ich gut satt werde.

Ich brauche einen guten Start in den Tag, um mich fit und gestärkt genug für die Anstrengungen, den Stress und den Trubel des Alltags zu fühlen. Ich liebe Obst, Müsli, Porridge und Brot. All das sind Lebensmittel, die ich in meinem Frühstück super gut vereinen kann und die mir für den Rest des Tages genug Energie liefern, um powern zu können.

Ich möchte dir hier einen Einblick in meine Frühstückswelt geben. Falls du ein „Nicht-Frühstücker" bist, bekommst du vielleicht Lust, dem eine Chance zu geben und mal eine Zeit lang auszuprobieren, ob sich mit einem ausgewogenen und energievollen Frühstück deine Essgewohnheiten über den Tag verändern.

Grundrezept Porridge

Nährwert pro Portion: Energie 362 kcal
Fett 15,1 g I KH 36,2 g I Eiweiß 16,4 g I Ballaststoffe 4,4 g

Für 2 Personen:

80 g zarte Haferflocken
400 ml Milch
40 g Mandeln
Zimt

Zubereitung

Haferflocken und Milch in einem Topf unter ständigem Rühren erhitzen. Ca. 2–3 Minuten leicht köcheln lassen, bis eine breiige Konsistenz entsteht. Mandeln grob hacken. Porridge in Schüsseln anrichten und mit Mandeln und Zimt bestreuen. Für mich muss immer Obst mit ins Porridge rein oder oben drauf. Süßungsmittel brauche ich dadurch nicht mehr. Deiner Fantasie sind hier keinerlei Grenzen gesetzt! Alles geht, nichts muss. Ganz nach deinen Wünschen und Vorlieben. Dein Porridge kannst du ganz individuell toppen, mit Nüssen, Samen, Trockenfrüchten, Quark, Joghurt und und und

Zucchini Porridge

Nährwert pro Portion: Energie 497 kcal
Fett 9,5 g I KH 82,0 g I Eiweiß 18,2 g I Ballaststoffe 8,2 g

Für 1 Person:

100 g Zucchini
50 g zarte Haferflocken
100 ml fettarme Milch oder Sojamilch
100 ml Wasser
100 g Früchte nach Wahl, z. B. Mango und Granatapfel
½ TL Zimt
Süße nach Belieben, z. B. Stevia oder Agavendicksaft

Zubereitung

Zucchini waschen, trocken tupfen und die Enden abschneiden. Wer das Porridge nicht grün haben möchte, kann die Zucchini auch schälen. Zucchini auf der Küchenreibe fein reiben und mit einem Schuss Wasser in einem Topf zum Kochen bringen. Ca. 2 Minuten köcheln lassen. Haferflocken, Milch, Wasser und Salz (evtl süßen) dazu geben und unter ständigem Rühren langsam erhitzen. Ca. 2–3 Minuten leicht köcheln lassen, bis eine breiige Konsistenz entsteht. Porridge und Früchte in einer Schüssel anrichten und mit Zimt bestreuen.

„Die Zucchini füllt das Porridge nochmal ordentlich auf und hat dabei kaum Eigengeschmack. Mit diesem Trick lässt sich bei großem Hunger das Volumen der Portion ohne große Kalorien erhöhen."

Hirse Porridge

Nährwert pro Portion: Energie 405 kcal
Fett 11,9 g I KH 59,3 g I Eiweiß 9,2 g I Ballaststoffe 5,1 g

Für 1 Person:

60 g Hirse
1 Banane
15 g Nüsse
Zimt,
Obst nach Wahl

Zubereitung

Hirse waschen und nach Packungsanleitung kochen. Banane zerdrücken und mit der Hirse vermengen. Mit etwas Zimt und Nüssen bestreuen. Wahlweise noch Obst z.B. Blaubeeren dazugeben.

"Für mehr Geschmack einfach die Hirse in Milch kochen, Mandel- und Sojamilch eignen sich ebenso. Die Nüsse schmecken aromatischer, wenn sie kurz in einer Pfanne ohne Fettzugabe angeröstet werden."

Quinoa Porridge

Nährwert pro Portion: Energie 413 kcal
Fett 8,9 g I KH 62,7 g I Eiweiß 13,6 g I Ballaststoffe 4,2 g

Für 2 Personen:

100 g	Quinoa
2 EL	Mandelmehl
2 TL	Chiasamen
400 ml	Mandelmilch
1	Banane
3 EL	Joghurt fettarm oder Sojajoghurt
1 EL	Gojibeeren
100 g	gemischte Beeren

Zubereitung

Quinoa mit der Hälfte der Mandelmich in einen Topf geben und 10 Minuten köcheln lassen. Mandelmehl, Chiasamen und die restliche Mandelmilch dazugeben und unter ständigem Rühren bei leichter Hitze weiter köcheln lassen, bis das Porridge dickflüssig wird.
Banane zerdrücken und mit dem Joghurt gemeinsam vorsichtig unterrühren.
Porridge auf 2 Schüsseln verteilen und mit Gojibeeren sowie den anderen Beeren garnieren.

Jeder, der an Müsli denkt, hat sofort ein gesundes Frühstück vor Augen.
Auf den Verpackungen sieht es immer lecker hergerichtet mit Obst aus und die Werbung tut alles dafür, dass wir diese Müslimischung für besonders gesund und ausgewogen halten. Schaut man sich aber die Zutatenliste an, findet sich dort ziemlich schnell unfassbar viel versteckter Zucker. Das vermeintlich super gesunde und angeblich langanhaltend sättigende Müsli entpuppt sich als viel zu überteuerte sündhafte Zuckerbombe.

Ich schaute mir also die Zusammensetzung verschiedener Müslis genau an und kam auf die Idee mir mein eigenes Müsli zusammenzumischen. Ohne den ganzen versteckten Zucker und somit die vielen unnötigen Kalorien, die ich lieber über hochwertige Lebensmittel aufnehmen möchte.

Alle Bestandteile meines Basismüslis sind einzeln zu kaufen. Für weitaus weniger Geld ergeben sie ein sehr hochwertiges und nährreiches Müsli, das sich ohne Probleme in großen Schraubgläsern über Monate im Vorratsschrank aufbewahren lässt.

Fitmüsli auf Vorrat

Nährwert pro Portion: Energie 117 kcal
Fett 3,0 g I KH 18,2 g I Eiweiß 4,0 g I Ballaststoffe 2,9 g

Für 16 Portionen:

200 g Haferflocken
100 g 5-Kornflocken
50 g Cornflakes normal oder Dinkel (ungesüßt)
30 g gehackte Haselnüsse
30 g Weizenkleie
20 g Leinsamen oder Chiasamen
10 g Sesam
30 g Rosinen
50 g gepufftes Amaranth
40 g Sonnenblumenkerne

Zubereitung

Haferflocken, Weizenkleie, Leinsamen und 5-Kornflocken zusammen mit den Cornflakes, dem Amaranth und den Rosinen in eine Schüssel geben. Haselnüsse, Sesam und Sonnenblumenkerne in einer Pfanne ohne Fett leicht rösten und zu der Mischung dazugeben. Alles gut miteinander vermengen und in ein Glas füllen.

Pro Portion rechne ich ca. 35 Gramm.

Hüttenkäse Pancakes

Nährwert pro Portion: Energie 442 kcal
Fett 17,2 g | KH 46,9 g | Eiweiß 24,0 g | Ballaststoffe 3,9 g

Für 1 Person:

50 g	Haferflocken
60 g	Hüttenkäse
1	kleine Banane
1	Ei
1 TL	Kokosfett

Vanille, Zimt

Zubereitung

Banane in einer Schüssel gut mit einer Gabel zerdrücken. Dann alle anderen Zutaten, außer dem Kokosfett dazugeben und alles zu einem Teig verrühren. Pfanne mit etwas Fett erhitzen und kleine Pancakes backen, bis beide Seiten goldgelb sind.

„Ja nach Saison liebe ich frische Erdbeeren dazu. In den Wintermonaten greife ich auch gern zu ungesüßten TK-Erdbeeren."

Quinoa Pancakes

Nährwert pro Portion: Energie 330 kcal
Fett 42,9 g | KH 15,1 g | Eiweiß 16,3 g | Ballaststoffe 4,7 g

Für 1 Person:

60 g	Quinoa
30 g	Mandelmehl
30 g	Magerquark
2 El	Wasser
1 TL	Backpulver
1	Eiweiß
1 TL	Kokosfett
1 EL	Zitronensaft

Stevia oder Süßstoff

Zubereitung

Quinoa nach Packungsbeilage kochen und zusammen mit dem Mandelmehl in einer Schüssel mischen. Alle anderen Zutaten, außer dem Kokosfett in einer separaten Schüssel mit einem Schneebesen schaumig und cremig rühren. Dann die Masse zu dem Quinoa-Gemisch geben. Pfanne mit Kokosfett erhitzen und kleine Pancakes backen. Beide Seiten goldgelb werden lassen.

Feigen Pancakes

Nährwert pro Portion: Energie 184 kcal
Fett 4,7 g I KH 27,1 g I Eiweiß 8,7 g I Ballaststoffe 2,1 g

Für 2 Personen:

3 TL	Ahornsirup
50 ml	Buttermilch
40 g	Dinkelmehl
1	Ei
1 TL	Backpulver
2	frische Feigen
1 TL	Kokosfett
Prise	Salz
Zimt	

Zubereitung

Ei trennen. Eigelb und Buttermilch miteinander schaumig schlagen. Dann das Mehl, Backpulver, Salz und Zimt dazugeben und gut verrühren. Eiweiß steif schlagen und unter die Eimasse heben. Feigen waschen und in Scheiben schneiden. Pfanne mit Kokosfett erhitzen. Für den Pancake etwas Teig in die Pfanne geben, darauf eine Feigenscheibe legen und von beiden Seiten backen. Mit Ahornsirup beträufeln.

„Die Feigen können gegen jedes andere Obst ausgetauscht werden."

Gebackener Haferflockenquark

Nährwert pro Portion: Energie 568 kcal
Fett 17,2 g | KH 64,3 g | Eiweiß 40,9 g | Ballaststoffe 6,0 g

Für 1 Person:

40 g	Haferflocken
100 ml	Milch
1	kleiner Apfel
150 g	Magerquark
1	Ei
1 TL	Honig
2 EL	Rosinen
1 EL	Mandelsplitter
Vanille gemahlen	

Zubereitung

Backofen auf 175 Grad Umluft vorheizen. Apfel waschen, entkernen und in kleine Würfel schneiden. Haferflocken zusammen mit der Hälfte der Milch und der Vanille in einem Topf unter ständigem Rühren erhitzen. Nach und nach mehr Milch hinzugeben, bis eine cremige Masse entstanden ist. Apfelwürfel unter die heißen Haferflocken rühren. Quark mit dem Ei und dem Honig gut verrühren und ebenfalls unter die Haferflockenmasse geben. Rosinen und Mandelsplitter unterheben. Masse in eine feuerfeste Form geben und im Ofen goldbraun backen.

> „Ich esse dazu immer sehr gerne eine handvoll Beerenmix"

Quinoa Beeren Joghurt

Nährwert pro Portion: Energie 480 kcal
Fett 17,0 g I KH 59,5 g I Eiweiß 18,3 g I Ballaststoffe 18,8 g

Für 1 Person:

60 g Quinoa
125 g Sojajoghurt oder fettarmer Joghurt
100 g Johannisbeeren
100 g Blaubeeren
20 g Mandeln
1 EL Agavendicksaft oder anderes Süßungsmittel nach Wahl
Etwas Zitronensaft

Zubereitung

Quinoa nach Packungsbeilage kochen und auskühlen lassen. Anschließend mit Sojajoghurt, Agavendicksaft und Zitronensaft verrühren. Johannisbeeren dazugeben. Mandeln hacken und zusammen mit den Blaubeeren darüberstreuen.

Klassischer Milchreis

Nährwert pro Portion: Energie 393 kcal
Fett 5,2 g I KH 69,9 g I Eiweiß 14,2 g I Ballaststoffe 4,8 g

Für 1 Person:

60 g Milchreis
250 ml Milch
200 g frische Erdbeeren
Flüssiges Stevia nach eigenem Geschmack

Zubereitung

Milch in einem Topf erhitzen, den Milchreis dazu geben und je nach Wunsch körnig garen. 5 Minuten ziehen lassen und nach Belieben mit Stevia süßen.

Erdbeeren in Stücke schneiden. Milchreis noch lauwarm mit den Früchten servieren.

"Probier den Reis doch mal mit Soja- oder Mandelmilch"

Herzhafte und süße Frühstücksideen

Ganz einfache Frühstücksideen für ein Frühstück mit Brot, Brötchen oder auch Knäckebrot habe ich hier mit verschiedenen Aufstrichvarianten aus meinem Buch kombiniert. Wenn ich nur einen kleinen Snack brauche, nehme ich alternativ auch gerne Maiswaffeln.

Eibrot mit Pfiff
Auf einer Scheibe Vollkornbrot oder zwei Scheiben Vollkornknäckebrot 40 g Eieraufstrich von Seite 239 verteilen und mit Kresse, Radieschen und Gurkenscheiben belegen.

Humusbrot mit Lachs
Auf einer Scheibe Vollkornbrot oder zwei Scheiben Vollkornknäckebrot 50 g Auberginen Hummus von Seite 232 verteilen. Mit zwei Scheiben Lachs und ein paar Gurkenscheiben belegen.

Frischkäse Schnittlauch Brot mit magerem Lachsschinken
Auf einer Scheibe Vollkornbrot oder zwei Scheiben Vollkornknäckebrot 30 g Frischkäse verteilen. Etwas salzen und pfeffern und reichlich Schnittlauch drüber streuen. Mit 2 Scheiben Lachsschinken und ein paar Radieschen belegen. Ich liebe einen Apfel dazu, das süßsäuerliche passt super.

Herzhafte und süße Frühstücksideen

Käse Ei Brot
Eine Scheibe Käse nach Wahl in feine Streifen schneiden und mit 30 g Eieraufstrich von Seite 239 verrühren.
Auf einer Scheibe Vollkornbrot oder zwei Scheiben Vollkornknäckebrot streichen. Mit 2 Tomaten und Gurkenscheiben garnieren. 1 Möhre klein schneiden und als Sticks dazu essen.

Guacamolebrot mit Hühnchenbrust
Auf einer Scheibe Vollkornbrot oder zwei Scheiben Vollkornknäckebrot 25 g Guacamole von Seite 229 verteilen. Etwas pfeffern. Mit 60 g gekochter oder geräucherter Hühnchenbrust belegen. Dazu passen aufgeschnittene Tomatenachtel.

Wenn du ein richtiges Süßmäulchen bist, empfehle ich dir den Schokoholik-Dip von Seite 240 aufs Brot. Oder du probierst einfach mal alternativ einen Esslöffel Mandelmus mit Apfelspalten.

Süßes Frühstücksbrot
Auf einer Scheibe Vollkornbrot oder zwei Scheiben Vollkornknäckebrot 1 EL Hüttenkäse streichen und 1 EL von meinem Apfelkompott von Seite 205 darauf verteilen. Hmmmmm, lecker!

Salate

Salate waren schon immer ein wichtiger Bestandteil meines Speiseplans. Auch während meiner Zeit mit starkem Übergewicht habe ich sehr gerne Salat gegessen. Für mich waren Salate noch nie eine Strafe, die man nur auf den Teller bekommt, wenn man eine Diät macht.

Ich finde Salate sind frische und knackige Mahlzeiten, die je nach Zugabe auch klasse Hauptgerichte abgeben. Auch als Beilage sind Salate perfekt geeignet, um den Magen mit reichlich Ballaststoffen zu füllen und dadurch insgesamt weniger zu essen.

Rohkost knackig frisch und unbehandelt zu essen, ist für mich zudem die optimale Möglichkeit, viele wichtige Vitamine und Mineralstoffe aufzunehmen. Denn diese gehen leider meist verloren, wenn man Gemüse erhitzt.

Ich muss immer schmunzeln, wenn ich sehe wie verpönt Salat ist und Salatverfechter betonen sie seien keine Kaninchen. Witzigerweise ist es in jedem Restaurant gang und gäbe, zu einem Schnitzel mit Pommes auch einen Salat zu reichen.

Salate sind in unserer Küche fest etabliert und auf jeder Speisekarte zu finden. Warum also nicht öfter mal einen Salat essen?

Ein großer Salat ist zudem immer eine gute Möglichkeit, auch während einer Abnehmphase, mit Freunden oder der Familie ins Restaurant zu gehen. Egal ob beim Italiener, Griechen, Deutschen oder sonst wo, einen Salat findet man fast auf jeder Speisekarte und wenn nicht, kann die Küche ohne große Mühen einen Salat nach Wünschen zusammenstellen. Nach einem Öl-und-Essig-Dressing kann man immer ohne Probleme fragen.

Glücklicherweise bin ich bei Salatdressings nicht sehr anspruchsvoll, so dass mir ein einfaches Öl-und-Essig-Dressing oft ausreicht. Tatsächlich können Salatdressings eine große Diät-Falle werden. Wenn du hier nicht aufpasst, kommen schnell viele unnötige Kalorien zusammen, obwohl es ganz einfach auch sparsamer geht.

Ich freue mich, dir in diesem Kapitel ein paar meiner Lieblingssalate vorzustellen, die du dir mit verschiedenen Dressings verfeinern kannst.

Bei mir kommt wirklich regelmäßig ein Salat als Hauptgericht auf den Tisch, gerade am Abend, wenn ich bevorzugt nur noch Low Carb, also kohlenhydratarm, essen möchte.

Apfel Kohlrabi Salat

Nährwert pro Portion: Energie 251 kcal
Fett 20,4 g I KH 9,2 g I Eiweiß 6,7 g I Ballaststoffe 6,4 g

Für 2 Personen:

400 g	Kohlrabi
200 g	Apfel
60 g	Ziegenkäse
20 g	Walnüsse gehackt
2 EL	Cranberries
100 g	Rucola
1 EL	Honig
2 EL	Balsamico Essig
2 EL	Olivenöl
1 EL	Senf/Dijon Senf

Salz und Pfeffer

Zubereitung

Kohlrabi und Apfel schälen. Apfel mit einem Apfelausstecher entkernen. Mit einem Spiralschneider aus Kohlrabi und Apfel Spaghetti herstellen und in eine Schüssel geben. Ziegenkäse zerbröseln und mit den Cranberries sowie dem gewaschenen Rucola zu den Spaghetti geben.
Aus Essig, Öl, Salz, Pfeffer, Senf und Honig ein Dressing herstellen und zum Salat geben. Alles gut mischen und auf den Tellern anrichten. Vor dem Servieren die gehackten Walnüsse darüberstreuen.

Fenchelsalat

Nährwert pro Portion: Energie 196 kcal
Fett 9,1 g I KH 10,9 g I Eiweiß 17,1 g I Ballaststoffe 7,6 g

Für 2 Personen:

1	großer Fenchel
2-3	Mandarinen oder
1	Orange
80 g	Harzer Käse oder Fetakäse
1 EL	Olivenöl
2 EL	Essig
1 TL	Senf
10 g	gehackte Walnüsse

Salz und Pfeffer

Zubereitung

Fenchel putzen, den Strunk entfernen und Fenchel in feine Streifen schneiden. Mandarinen schälen und die einzelnen Mandarinenfilets kleinschneiden. Zusammen mit dem kleingeschnittenen Harzer Käse und den Walnüssen in eine Schüssel geben.
Aus Essig, Öl, Senf, Salz und Pfeffer ein Dressing herstellen und zum Salat geben. Alles gut mischen und servieren.

„Statt Harzer Käse kannst du auch Parmesan verwenden."

Gemischter Bunter Salat zum Hauptgang

Nährwert pro Portion: Energie 189 kcal
Fett 2,1 g I KH 29,3 g I Eiweiß 11,2 g I Ballaststoffe 15,9 g

Für 1 Person:

150 g	Gemischte Blattsalate der Saison
1	Tomate
½	Gurke
½	Paprika
100 g	Rettich
10 g	Mais
50 g	Kidneybohnen
20 g	Rotkohl oder Weißkohl

Zubereitung

Salat waschen und in eine Schüssel geben. Tomate, Gurke und Paprika nach Wunsch schneiden. Rettich schälen und raspeln, ebenso den Rot- oder Weißkohl. Alle Zutaten in der Schüssel gut vermengen. Suche dir ein leckeres Dressing deiner Wahl von Seite 103 aus und richte alles an.

„Als Hauptgang einfach mit einer Eiweißbeilage wie Rindersteak oder Fisch servieren."

Kichererbsen Salat mit Quinoa und Rucola

Nährwert pro Portion: Energie 413 kcal
Fett 20,8 g I KH 30,4 g I Eiweiß 25,5 g I Ballaststoffe 8,0 g

Für 2 Personen:

200 g	Kichererbsen aus der Dose
100 g	Quinoa
100 g	getrocknete Tomaten
10	Cocktailtomaten
200 g	Rucola
½	Gurke
½	Avocado
20 g	Sonnenblumenkerne
2 EL	Olivenöl
4 EL	Apfelessig
1 TL	Honig
½ Bund	Koriander

Salz und Pfeffer

Zubereitung

Quinoa gründlich waschen und in reichlich Salzwasser ca. 15 Minuten kochen. Das Wasser sollte am Ende verkocht sein. Kichererbsen abtropfen lassen. Rucola waschen und die Cocktailtomaten halbieren. Getrocknete Tomaten kleinschneiden. Gurke und Avocado würfeln. Koriander hacken und alles in eine Schüssel geben. Sonnenblumenkerne, Kichererbsen und Quinoa dazugeben und alles mischen. Olivenöl, Essig und Honig miteinander vermischen und über den Salat geben. Mit Salz und Pfeffer abschmecken.

Kräutersalat mit Hähnchenbrust

Nährwert pro Portion: Energie 310 kcal
Fett 2,4 g I KH 22,6 g I Eiweiß 47,5 g I Ballaststoffe 11,0 g

Für 1 Person:

150 g Hähnchenbrustfilet
1 Scheibe Ananas
2 EL Ananassaft
50 g fettarmer Joghurt
30 g Erbsen
100 g Spargel aus dem Glas
150 g Kräutersalatmix (oder Salate der Saison)
Salz, Pfeffer und Curry

Zubereitung

Hähnchenbrustfilet 20 Minuten in Salzwasser köcheln lassen. Ananas in mundgerechte Stücke schneiden. Joghurt mit 2 EL Ananassaft in einer Salatschüssel vermischen, mit Salz, Pfeffer und Curry abschmecken. Spargel in Stücke schneiden. Kräutersalat waschen und gut abtropfen lassen, Fleisch in Würfel schneiden. Alles zusammen mit den Erbsen vermengen und servieren.

Eine knackige Ergänzung wären noch Paprika und Radieschen. Wirklich lecker!

Rote Bete Salat mit Avocado und Ziegenkäse

Nährwert pro Portion: Energie 639 kcal
Fett 54,1 g I KH 21,4 g I Eiweiß 17,6 g I Ballaststoffe 9,2 g

Für 2 Personen:

100 g gemischter Salat der Saison
1 reife Avocado
2 Rote Bete (gekocht am Stück)
1 Salatgurke
120 g Ziegenkäse krümelig
1 rote Zwiebel

Für das Dressing:

20 ml Weißweinessig
1 Eigelb
3 EL Rapsöl
2 Knoblauchzehen
Salz und Pfeffer

Zubereitung

Salat waschen und kleinrupfen. Gurke, Rote Bete, Zwiebeln und Avocados in Würfel schneiden. Salat schön in einem tiefen Teller anrichten und mit dem Ziegenkäse bestreuen.
Knoblauch ganz fein hacken. Zusammen mit dem Eigelb in eine Schüssel geben und mit dem Schneebesen nach und nach das Öl dazugeben, so dass eine Verbindung entsteht. Essig dazugeben, mit Salz und Pfeffer abschmecken und über den Salat geben.

Nudelsalat auf mediterrane Art

Nährwert pro Portion: Energie 468 kcal
Fett 31,2 g I KH 34,6 g I Eiweiß 10,3 g I Ballaststoffe 8,9 g

Für 1 Person:

100 g Rucola
50 g Vollkornnudeln oder Linsennudeln
1 EL Olivenöl
2 EL Essig
3 getrocknete Tomaten
5 schwarze Oliven, ohne Kern
10 g Pinienkerne
Salz und Pfeffer

Zubereitung

Nudeln nach Packungsanleitung kochen. Rucola waschen und trocken tupfen. Getrocknete Tomaten und Oliven kleinschneiden. Ab jetzt wird es echt leicht: Alles einfach mischen und zügig servieren, da der Rucola schnell einfällt.

„Ich variiere dieses Rezept gern, weil es so einfach ist. Manchmal gebe ich noch Fetakäse, Thunfisch oder Hähnchenbruststreifen dazu."

Dinkel Gemüsesalat

Nährwert pro Portion: Energie 486 kcal
Fett 20,3 g I KH 59,8 g I Eiweiß 18,9 g I Ballaststoffe 11,8 g

Für 4 Personen:

170 g Dinkelkerne
480ml Geflügelbrühe
450 g Rosenkohl
2 kleine Rote Bete gekocht
200 g Staudensellerie
200 g Grünkohl
2 große Schalotten
2 EL Olivenöl
2 El Balsamico-Essig
70 g Walnüsse
1 EL Ahornsirup
300 g Fetakäse
Salz und Pfeffer

Statt Grünkohl kannst du auch Spinat verwenden.

Zubereitung

Dinkelkerne waschen und zusammen mit der Geflügelbrühe in einem kleinen Topf zum Kochen bringen. Hitze reduzieren und so lange kochen, bis die Flüssigkeit verdampft ist. Rosenkohl halbiert, Rote Bete und Staudensellerie kleinschneiden. Grünkohl ebenfalls zerkleinern, Schalotten würfeln. Öl in einer Pfanne erhitzen und Rosenkohl mit dem Staudensellerie anbraten. Nach ca. 5 Minuten Schalotten zugeben und 5 Minuten braten. Grünkohl und einen EL Essig dazugeben und ganz kurz mitgaren.
Mit Salz und Pfeffer abschmecken. Alles auf 4 Tellern anrichten. Dinkelkerne und die klein geschnittene Rote Beete darüber streuen. Walnüsse anrösten, restlichen Essig und Ahornsirup dazugeben, verrühren und über den Salat geben. Den zerbröckelten Feta drüberstreuen.

Roter Linsensalat

Nährwert pro Portion: Energie 439 kcal
Fett 25,3 g I KH 30,6 g I Eiweiß 21,3 g I Ballaststoffe 8,5 g

Für 4 Personen:

200 g	Rote Linsen
200 g	Fetakäse
4	Frühlingszwiebeln
1	rote Paprika
1	gelbe Paprika
10	Cherrytomaten
2	Karotten
50 g	Staudensellerie
4 EL	Olivenöl
3 EL	Balsamico-Essig weiß
1 TL	Senf
4 EL	gehackte Kräuter wie Petersilie und Kerbel

Salz und etwas Pfeffer

Zubereitung

Zuerst die Linsen in einem Topf mit ca. 1 Liter Wasser auf den Herd stellen und ohne Salz zum Kochen bringen. Herd abschalten und bei geschlossenem Deckel ca. 5 Minuten weiter garen lassen, so dass die Linsen noch etwas Biss haben. Kochwasser abgießen. In der Zwischenzeit die Frühlingszwiebeln waschen, in feine Ringe schneiden und zu den Linsen geben. Paprika, Cherrytomaten, Karotten und Staudensellerie in kleine Würfel schneiden und unter die Linsen mischen. Feta etwas grober schneiden und ebenfalls dazugeben. Aus Olivenöl, Balsamico-Essig, Senf sowie Salz und Pfeffer ein Dressing anrühren und dieses über den Salat geben. Alles gut vermischen. Nun den Salat 2 Stunden im Kühlschrank durchziehen lassen. Vor dem Servieren mit den gehackten Kräutern bestreuen.

Quinoasalat mit Minze

Nährwert pro Portion: Energie 459 kcal
Fett 23,3 g I KH 50,2 g I Eiweiß 11,7 g I Ballaststoffe 10,2 g

Für 1 Person:

60 g	Quinoa
2	Tomaten
½	Salatgurke
½	Avocado
4	Radieschen
20 g	Tomatenmark
1 El	Olivenöl
1 EL	gehackte Petersilie
5	frische Minzblätter

Saft einer Zitrone
Salz und Pfeffer

Zubereitung

Quinoa in einem Sieb waschen und anschließend 15 Minuten in einem Topf mit Wasser kochen. Anschließend abgießen und in eine Schüssel geben. In der Zwischenzeit Tomaten, Salatgurke, Avocado und Radieschen waschen, nach Belieben kleinschneiden und mit in die Schüssel geben. Tomatenmark, Olivenöl und Zitronensaft in einer kleinen Schüssel anrühren und untermischen. Minzblätter kleinschneiden und mit der gehackten Petesielie zum Salat geben. Mit Salz und Pfeffer abschmecken. Alles sehr gut mischen.

„Du kannst den Quinoa auch super gegen Couscous austauschen."

Reissalat

Nährwert pro Portion: Energie 340 kcal
Fett 3,3 g I KH 49,2 g I Eiweiß 44,7 g I Ballaststoffe 6,3 g

Für 2 Personen:

70 g Naturreis
30 g Mais
100 g Champignons
30 g Erbsen, gekocht
1 Dose Thunfisch
1 Frühlingszwiebel
1 Paprika
50 g Frischkäse halbfett
50 g Fettarmer Joghurt
1 EL Magerquark
1 EL Essig
3 EL gehackte Kräuter, z. B. Schnittlauch und Petersilie
Salz und Pfeffer

Zubereitung

Naturreis nach Packungsanleitung in Salzwasser kochen, abgießen und kalt werden lassen. Frischkäse, Joghurt, Magerquark sowie Essig, Salz, Pfeffer und die Kräuter glattrühren. Wenn nötig, einen kleinen Schluck Wasser dazugeben. Paprika waschen und mit den Champignons fein würfeln. Frühlingszwiebeln in feine Ringe scheiden. Alles zusammen mit den Erbsen und dem Mais unter die Soße heben. Über den kalten Reis geben, den Thunfisch dazu und gut vermischen. Für 1 Stunde in den Kühlschrank stellen.

„Wer mag, verfeinert das Rezept mit Zitrone oder variiert es mit Curry. Der Salat hält sich im Kühlschrank problemlos zwei bis drei Tage und ist somit ein ideales Rezept zum Vorkochen."

Möhrensalat

Nährwert pro Portion: Energie 73 kcal

Für 4 Personen:

500 g Möhren
2 EL Orangensaft,
1 EL Zitronensaft
1 kleiner Apfel, süßsauer
2 EL Leinsamen, geschrotet
1 EL Petersiele, gehackt
Salz und Pfeffer

Zubereitung

Möhren waschen, schälen, Enden entfernen und auf der Gemüsereibe nicht zu fein reiben. Orangen auspressen. Aus Orangensaft, Zitronensaft bzw. Apfelessig, Salz und Pfeffer ein fruchtiges Dressing zusammenrühren. Apfel waschen, entkernen und sehr klein würfeln. Möhren mit Leinsamen und Apfelstücken in eine Salatschüssel geben und mit dem Dressing vermengen. Etwa eine Stunde im Kühlschrank durchziehen lassen. Petersilie waschen, trocken tupfen, Blätter abzupfen. Vor dem Servieren die frische Petersilie über den Salat geben.

"Mit einer Handvoll Walnüssen und 50 g gewürfeltem Fetakäse pro Portion wird der Salat zu einem leckeren Hauptgericht."

Nudelsalat mal anders

Nährwert pro Portion: Energie 421 kcal
Fett 7,9 g I KH 41,2 g I Eiweiß 29,4 g I Ballaststoffe 8,1 g

Für 4 Personen:

200 g Erbsennudeln
300 g Brokkoli
100 g Erbsen
1 Zwiebel
1 rote Paprika
400 g Tofu nach Geschmack (z.B. geräuchert)

Für das Dressing:
1 Knoblauchzehe
30 ml Zitronensaft
75 g weißes Mandelmus
1 Msp.Cayennepfeffer
1 Msp.gem. Kreuzkümmel
½ Bund Koriander grün oder Blattpetersilie
80 ml Wasser

Zubereitung

Die Erbsennudeln in reichlich Salzwasser bissfest kochen. Anschließend abgießen, abschrecken und kaltstellen. In der Zwischenzeit Brokkoli und Erbsen kurz bissfest dünsten und ebenfalls kaltstellen. Zwiebel schälen und sehr fein würfeln. Paprikaschote waschen, putzen und in kleine Würfel schneiden. Tofu ebenfalls würfeln und kurz in der Pfanne anbraten.

Für das Dressing Knoblauch schälen und mit weißem Mandelmus, Zitronensaft, Wasser, Salz, Cayennepfeffer und Kreuzkümmel in einen Mixbecher geben. Mit dem Stabmixer zu einem cremigen Dressing verarbeiten. Alle Zutaten mit dem Dressing vermengen. Nach Belieben Koriander oder Petersilie hacken und unterheben. Salat abdecken und mindestens 2 Stunden im Kühlschrank ziehen lassen. Nochmals abschmecken.

Grüner Spargel aus der Pfanne

Nährwert pro Portion: Energie 251 kcal
Fett 20,4 g I KH 9,2 g I Eiweiß 6,7 g I Ballaststoffe 6,4 g

Für 2 Personen:

600 g grüner Spargel
100 g Rucola
2 Knoblauchzehen
10 Kirschtomaten
6 schwarze Oliven
6 grüne Oliven
1 EL Olivenöl
2 EL Sherry-Essig oder Balsamico-Essig
Etwas Honig
Salz und Pfeffer

Zubereitung

Spargel putzen und die Enden abschneiden, so dass er nicht holzig ist. Dann den Spargel dritteln. Knoblauch fein hacken, Kirschtomaten halbieren, Oliven in Scheiben schneiden.

Olivenöl leicht erhitzen und den Spargel anbraten. Dann den Knoblauch, die Oliven und die Kirschtomaten dazugeben und ebenfalls kurz mitanbraten. Essig, Honig, Salz und Pfeffer dazugeben. Pfanne vom Herd nehmen. Rucola auf dem Teller anrichten und das Spargelgemüse darüber geben.

„Ich esse sehr gerne zwei oder drei Scheiben geräucherten Lachs dazu oder brate mir ein leckeres Geflügel- oder Rindersteak."

Papaya Avocado Salat

Nährwert pro Portion: Energie 310 kcal
Fett 2,4 g I KH 22,6 g I Eiweiß 47,5 g I Ballaststoffe 11,0 g

Für 1 Person:

100 g Feldsalat
2 Tomaten
1/2 Gurke
100 g Hüttenkäse
¼ Avocado
100 g Papaya
10 g Leinsamen
15 g Cashewkerne
1 EL Distelöl
2 EL Weißer Balsamico
Spritzer Zitrone
Salz und Pfeffer

Zubereitung

Feldsalat waschen und in eine Schüssel geben. Tomaten und Gurke waschen und putzen. Avocado und Papaya schälen. Tomaten, Avocado, Papaya und Gurken nach Wunsch kleinschneiden und zum Salat geben. Hüttenkäse mit Leinsamen, Öl, Zitrone, Balsamico, Salz und Pfeffer anrühren. Dressing zum Salat geben und mischen. Mit Cashewkernen bestreuen.

Das Rindfleisch kann auch durch Hähnchen- oder Putenbrust ersetzt werden.
Wer mag, gibt noch ein paar gehackte Erdnüsse oder Cashewkerne dazu.
Wenn keine fettreduzierte Kokosmilch zur Hand ist, kann diese ganz einfach selbst hergestellt werden.
Dazu eine Dose normale Kokosmilch kaltstellen.
Die Dose vor dem Öffnen nicht mehr schütteln.
Nach kurzer Zeit hat sich oben eine feste Masse abgesetzt.
Das ist das Kokosfett.
Das Kokosfett großzügig abschöpfen und nach Belieben später zum Braten verwenden.
Die übrige Milch ist nun fettreduziert.

Glasnudelsalat mit Rindfleisch

Nährwert pro Portion: Energie 368 kcal
Fett 12,9 g | KH 28,0 g | Eiweiß 38,7 g | Ballaststoffe 5,1 g

Für 4 Personen:

200 g	Glasnudeln
400 g	Rindersteak, am besten Filet
200 ml	Kokosmilch, fettreduziert
2 EL	Rapsöl oder Distelöl
4	Karotten
250 g	frischer Spinat
250 g	Zuckerschoten
3 EL	Reisessig, alternativ Weinessig
½	Bund Koriander
1 TL	Öl

Salz, Pfeffer und Chili

Zubereitung

Karotten schälen und mit dem Gemüsehobel in feine Stifte schneiden. Spinat waschen und gut abtropfen lassen. Zuckerschoten waschen, Rindfleisch in feine Streifen schneiden.

Die Glasnudeln grob zerbrechen und nach Anleitung kochen.

Öl in einer Pfanne erhitzen, Rindfleischstreifen und Karotten scharf anbraten. Zuckerschoten und den Spinat dazugeben. Kokosmilch, Essig, Salz, Pfeffer und Chili zu den Glasnudeln geben und mit dem Fleisch vermengen. Nochmals abschmecken. Koriander zerrupfen und großzügig auf dem Salat verteilen.

Dressings

Vinaigrette ohne Öl

Nährwert pro Portion: Energie 32 kcal
Fett 1,0 g I KH 3,5 g I Eiweiß 1,5 g I Ballaststoffe 0,2 g

Für 4 Personen:

50 ml Geflügelbrühe, frisch oder aus gekörnter Brühe
50 ml Milch, 1,5 %
1 TL mittelscharfer Senf
4 EL Weinessig
1 kleine Zwiebel
1 TL Honig
Salz und Pfeffer
Frische Kräuter, gehackt (z. B. Petersilie, Schnittlauch, Basilikum)

Zubereitung

Alle Zutaten außer den Kräutern in einem hohen Becher mit dem Stabmixer gut mixen, bis ein sämiges Dressing entsteht. Mit Salz und Pfeffer abschmecken. Gehackte Kräuter unterrühren.

Joghurt Kräuter Dressing

Nährwert pro Portion: Energie 22 kcal
Fett 0,5 g I KH 1,8 g I Eiweiß 1,9 g I Ballaststoffe 0,0 g

Für 4 Personen:

100 g fettarmer Joghurt
20 ml Gemüsebrühe, frisch oder aus gekörnter Brühe
5 EL Milch 1,5 %
4 EL Apfelessig
1 TL Zitronensaft
Salz, Pfeffer, etwas Zucker oder Stevia
Frische Kräuter, gehackt (z. B. Petersilie, Schnittlauch, Dill)

Zubereitung

Alle Zutaten außer den Kräutern in einer Schüssel miteinander verrühren.
Mit Salz und Pfeffer abschmecken. Kräuter dazu und fertig.

Ruckzuck Kräuterdressing

Nährwert pro Portion: Energie 50 kcal
Fett 4,8 g | KH 0,8 g | Eiweiß 0,5 g | Ballaststoffe 0,1 g

Für 4 Personen:

50 ml Geflügelbrühe
50 ml Milch, 1,5 %
2 EL Olivenöl
1 TL Senf
5 EL Essig
½ Zwiebel
Etwas Zucker oder Süßstoff
Petersilie, Schnittlauch, Kerbel, Basilikum
Salz und Pfeffer

Zubereitung

Ich mach's kurz: Alle Zutaten mit dem Stabmixer gut mixen. Abschmecken, fertig.

„Mit Kräutern wie Oregano und Thymian bekommt das Dressing einen mediterranen Touch."

Orangendressing

Nährwert pro Portion: Energie 37 kcal
Fett 1,3 g I KH 3,9 g I Eiweiß 1,8 g I Ballaststoffe 0,6 g

Für 4 Personen:

2	unbehandelte Orangen
100 g	Naturjoghurt
50 ml	Buttermilch
4 EL	Essig
½ TL	brauner Zucker
Salz und Pfeffer	

Zubereitung

Orangen auspressen. Von einer halben Orange die oberste Schicht der Schale vorsichtig abreiben. Achtung, das Weiße darunter schmeckt bitter.

Orangensaft, Orangenabrieb und die restlichen Zutaten in ein Schraubglas geben. Gut verschließen und kräftig schütteln.

Passt besonders gut zu Chicorée. Wer mag, gibt zum fertigen Salat noch ein paar Orangenfilets sowie einige gehackte Walnüsse dazu.

Fruchtige Himbeer Vinaigrette

Nährwert pro Portion: Energie 64 kcal
Fett 6,3 g I KH 1,6 g I Eiweiß 0,2 g I Ballaststoffe 0,8 g

Für 8 Personen:

100 g Himbeeren, frisch oder TK
50 ml Apfelessig
50 ml Mineralwasser
50 ml Rapsöl
1 TL Honig
2 Minzblätter, nach Belieben
Salz und Pfeffer

Zubereitung

Alle Zutaten in einem hohen Becher mit dem Stabmixer pürieren.

„Passt prima zu Feldsalat, Lollo Bianco und Chicorée. Das Dressing schmeckt auch ohne Minze prima fruchtig und frisch. Wer keinen Apfelessig zur Hand hat, kann diesen durch Weißweinessig ersetzen. Wer mag, rührt unter die fertige Vinaigrette noch 2 EL fettarmen Hüttenkäse. Das ergibt ein optisches Highlight auf dem Salat und die Vinaigrette zergeht wunderbar cremig auf der Zunge.“

Eidressing

Nährwert pro Portion: Energie 94 kcal
Fett 9,6 g I KH 0,3 g I Eiweiß 1,6 g I Ballaststoffe 0,1 g

Für 6 Personen:

50 ml	Olivenöl
3 EL	Weißwein-essig
1 EL	Senf
2	hartgekochte Eier
1	Zehe Knoblauch
1	Schalotte oder kleine Zwiebel
2 EL	gemischte Kräuter, frisch oder TK
1 TL	Zucker
1 TL	Worcester-soße

Salz und weißer Pfeffer

Zubereitung

Ich mach's kurz: Alle Zutaten mit dem Stabmixer gut mixen. Abschmecken, fertig

„Passt zu allen Blattsalaten außer Chicorée. Schmeckt besonders gut zu Blattsalaten mit Tomate, Paprika, Gurke und Mais.
Hält sich im Kühlschrank bis zu einer Woche.
Vorsichtig dosieren, da sehr intensiv im Geschmack."

Gerichte mit Fleisch

VARA del REY
OMEGA 3
VARA del REY

Ich bin mit einem übermäßigen Fleischkonsum aufgewachsen. Für mich war es immer selbstverständlich, dass zu jeder Mahlzeit Fleisch zur Verfügung steht. Morgens zum Frühstück gab es Salami, Fleischwurst oder die Leberwurst aufs Brot. Mittags zum Hauptgang abwechselnd Schwein, Rind, oder Geflügel und abends je nachdem, was auf dem Speiseplan stand, in der Regel auch wieder irgendwas mit Fleisch oder Wurst. Auf besondere Qualität habe ich dabei nie geachtet. In der Regel habe ich mein Fleisch beim Discounter eingekauft. Der Einkauf beim Metzger wäre bei der Menge auch viel zu teuer geworden.

Nach meiner Ernährungsumstellung setzte ich mich immer mehr damit auseinander, was ich meinem Körper so alles antat. Mir wurde immer bewusster, dass man ist, was man isst. Mir ist es mittlerweile sehr wichtig einen gesunden Körper zu haben und dazu gehört darauf zu achten, was ich esse. Es ist erschreckend, mit wievielen schädlichen Inhaltsstoffen wir uns täglich vollstopfen und uns dann wundern, dass wir uns nicht wohlfühlen und im schlimmsten Fall krank werden.

Es ist schon lange kein Geheimnis mehr, dass die Tiere aus der Massenhaltung mit Antibiotika und Co. behandelt werden, damit sie schnell zur Schlachtung bereitstehen. Auch ich wusste das sehr wohl, aber es war mir letztendlich egal. Ich wollte mein bezahlbares Geschnetzeltes auf dem Teller haben, das am Ende einfach nur schmecken sollte.

Als ich anfing bewusst zu kochen, fiel mir auf wieviel Wasser beim Anbraten aus dem Fleisch austritt. Meine Geschmackssensibilität war durch das Vermeiden von Zusatzstoffen, Geschmacksverstärkern, übermäßig viel Salz und Zucker schon deutlich verbessert, so dass ich plötzlich bemerkte, dass die meisten Fleischgerichte gar nicht wirklich schmecken.

Ich esse nach wie vor sehr gerne Fleisch, aber ich brauche es nicht mehr jeden Tag und vor allem nicht mehr in der großen Menge. Früher brauchte ich immer große Portionen, heute achte ich darauf, dass die Fleischkomponente nie 200 Gramm übersteigt. Dadurch kann ich etwas mehr Geld dafür ausgeben und mir somit bessere Qualität gönnen. Den Unterschied schmeckt man sofort!

Meine Küche war schon immer sehr abwechslungsreich. Ich möchte nicht das Gefühl bekommen, ständig das Gleiche zu essen, deswegen bin ich auch beim Fleisch sehr offen und kann jedem nur empfehlen, einfach auszuprobieren.

Wild ist geschmacklich sehr intensiv, aber ein sehr mageres Fleisch und für mich eine gute Abwechslung. Tatar gibt es jetzt viel öfter bei mir, weil es viel kalorien- und fettärmer ist als Hackfleisch.
Geflügel bleibt weiterhin der Klassiker.

Putenfleischspieße vom Grill

Nährwert pro Portion: Energie 311 kcal
Fett 12,4 g I KH 8,9 g I Eiweiß 40,1 g I Ballaststoffe 5,2 g

Für 1 Person:

150 g	Putensteak, in Würfel geschnitten
½	rote oder gelbe Paprika
2	Zwiebelachtel
1	kleine Zucchini
2	kleine Champignons
1 EL	Öl

Salz, Pfeffer, Curry und Paprikapulver

Zubereitung

Putensteakwürfel sowie Paprikawürfel, Zwiebel, Zucchini und Champions bunt gemischt auf Metallspieße stecken.
Aus Salz, Pfeffer, Curry, Paprikapulver und Öl eine Marinade herstellen.
Die fertigen Spieße rundum damit einpinseln.
Spieße gut mit Folie verpackt für mindestens eine Stunde im Kühlschrank marinieren lassen.
Bei mäßiger Hitze langsam grillen. Oder in der Pfanne braten.

„Dazu passt super mein Kräuterquark auf 222 mit einer Sättigungsbeilage."

Putenrolle mit Spinat und Dinkel

Nährwert pro Portion: Energie 586 kcal
Fett 18,2 g I KH 38,1 g I Eiweiß 68,4 g I Ballaststoffe 9,1 g

Für 2 Personen:

120 g Dinkel
400 g Putenschnitzel (2 Stück)
200 g frischer Spinat
100 g pürierte Tomaten aus der Dose
100 g Schafskäse
1 kleine rote Paprika
1 EL Sonnenblumenkerne
1 TL Olivenöl
Paprika edelsüß, Salz und Pfeffer

Zubereitung

Spinat waschen und gut abtropfen lassen. In einer Pfanne das Öl erhitzen und den Spinat anbraten. Die Paprika klein würfeln, zum Spinat geben und kurz weiter garen. Mit Salz und Pfeffer würzen und in eine Schüssel geben. Schafskäse zerbröseln und mit Sonnenblumenkernen gemeinsam hinzugeben und gut vermischen.
Putenschnitzel mit Salz, Pfeffer und Paprika von beiden Seiten würzen. Einen Teil der Spinatmasse auf den Schnitzeln verteilen und diese rollen. Mit Zahnstochern verschließen und in eine kleine Auflaufform setzen.
Backofen auf 180 Grad vorheizen. Die restliche Spinatmasse mit den Tomaten vermengen und zu den Röllchen geben. Ca. 20 Minuten im Backofen garen. In der Zwischenzeit einen Topf mit 300 ml Salzwasser zum Kochen bringen und den Dinkel ca. 15 Minuten darin köcheln lassen. Wenn alles fertig ist, zusammen auf einem Teller anrichten.

Alexandras Nasi Goreng

Nährwert pro Portion: Energie 489 kcal
Fett 5,7 g I KH 63,2 g I Eiweiß 48,7 g I Ballaststoffe 11,5 g

Für 1 Person:

150 g	Hähnchenbrust
50 g	Naturreis
1	Banane
3	Frühlingszwiebeln
30 g	Erbsen
1	kleine Zucchini
½	rote Paprika
100 g	Champignons
1 EL	Kokosfett
1 TL	Curry

1 Schuss Sojasoße
Paprika edelsüß, Salz und Pfeffer

Zubereitung

Naturreis wie gewohnt kochen. Hähnchenbrust in dünne Scheiben schneiden und in einer Pfanne mit dem Kokosfett gut anbraten. Mit Salz, Pfeffer, Curry und Paprika edelsüß würzen. In der Zwischenzeit die Banane in Scheiben schneiden, dazugeben und alles weiter braten. Paprika und Zucchini in Streifen schneiden und ebenfalls dazugeben. Die Champignons in Scheiben schneiden und zusammen mit den Erbsen in die Pfanne geben. Eventuell einen Schuss Wasser unterrühren, damit das Gemüse köcheln kann, bis es bissfest ist. Ich mag mein Gemüse gerne knackig.
Zum Schluss den fertig gekochten Reis untermengen. Alles nochmal gut anbraten und mit einem Schuss Sojasoße abschmecken. Frühlingszwiebeln in Ringe schneiden und vor dem Servieren darüberstreuen.

„Dieses Gericht schmeckt auch sehr gut mit Tofu."

Hähnchen Kokos Curry

Nährwert pro Portion: Energie 461 kcal
Fett 8,4 g I KH 58,3 g I Eiweiß 42,1 g I Ballaststoffe 5,9 g

Für 2 Personen:

100 g	Naturreis
300 g	Hähnchen-brustfilet
200 ml	Kokosmilch
1	Knoblauch-zehe
1	Paprika
1	Zucchini
4	Tomaten
200 g	Ananas
1 EL	Kokosfett

Curry, Paprika edelsüß, Chili, Salz und Pfeffer

Zubereitung

Den Naturreis in reichlich Salzwasser bissfest kochen. Hähnchenbrustfilet in feine Streifen schneiden. Knoblauch schälen und fein hacken. Paprika in Streifen schneiden. Zucchini, Tomaten und Ananas klein würfeln.

Pfanne mit Kokosfett erhitzen und das Hühnchen scharf anbraten. Curry, Paprika edelsüß, Chilli, Salz, Pfeffer und den Knoblauch dazugeben. Mit Kokosmilch ablöschen. Das Gemüse dazugeben und alles ca. 10 Minuten leicht köcheln lassen. Abschmecken und mit dem Reis servieren.

Hähnchen in Tomatensoße

Nährwert pro Portion: Energie 292 kcal
Fett 2,6 g I KH 9,9 g I Eiweiß 55,2 g I Ballaststoffe 7,5 g

Für 1 Person:

200 g	Hähnchenfilet
100 g	Champignons
1	rote Paprika
150 ml	gehackte Tomaten aus der Dose
1	Zwiebel
1 ½ TL	Paprika, edelsüß
1 TL	Chilipulver
1 TL	Kreuzkümmel
1 ½ TL	Oregano
30 ml	Brühe
1 TL	Kokosfett
Salz und Pfeffer	

Zubereitung

Kokosfett in der Pfanne erhitzen und das Hähnchenfilet darin anbraten. Mit Salz, Pfeffer, Paprika edelsüß, Chilipulver, Kreuzkümmel und Oregano würzen. Zwiebel anbraten, Champignons kleinscheiden, dazugeben und mit den Tomaten ablöschen. Brühe und in Streifen geschnittene Paprika mit in die Pfanne geben und zum Kochen bringen. Bei niedriger Temperatur 10 Minuten köcheln lassen.

„Mit einer Kohlenhydrat-Beilage nach Wahl, z. B. Naturreis, wird aus dem Rezept ein Mittagessen."

Putenschnitzel Jägerart mit Bandnudeln

Nährwert pro Portion: Energie 572 kcal
Fett 23,4 g | KH 41,1 g | Eiweiß 48,5 g | Ballaststoffe 10,0 g

Für 1 Person:

50 g	Bandnudeln
100 g	Champignons
100 g	Pfifferlinge
1	Lauchzwiebel
150 g	Putenschnitzel
100 ml	Brühe
½ TL	Speisestärke oder Johannisbrotkernmehl
20 g	Butter

Salz und Pfeffer
Einige kleine Blätter gehackte Petersilie zum Garnieren

Sollten keine Pfifferlinge erhältlich sein, können diese durch braune Champignons ersetzt werden. Braune Champions sind intensiver im Geschmack und eine interessante Alternative. Für dieses Gericht eignen sich neben Bandnudeln auch leckere Vollkornnudeln.

Zubereitung

Bandnudeln nach Packungsanleitung in Salzwasser bissfest kochen. Champignons und Pfifferlinge putzen und kleinschneiden. Lauchzwiebel in dünne Ringe schneiden. Putenschnitzel waschen und trocken tupfen. Schnitzel in einer heißen Pfanne mit der Hälfte der Butter ca. 3 Minuten von beiden Seiten braten, mit Salz und Pfeffer würzen. Fleisch herausnehmen und zur Seite stellen. Die restliche Butter in der selben Pfanne erhitzen und die Pilze darin anbraten. Lauchzwiebelringe dazugeben und kurz mitbraten. Stärke darüber streuen und mit der Brühe ablöschen. Die Soße aufkochen bis sie bindet. Schnitzel mit Nudeln auf einem Teller anrichten, Soße darüber geben und mit gehackter Petersilie bestreuen.

Geschnetzeltes vom Schwein „Züricher Art"

Nährwert pro Portion: Energie 325 kcal
Fett 7,4 g I KH 12,0 g I Eiweiß 34,1 g I Ballaststoffe 3,6 g

Für 2 Personen:

250 g	Schweinerücken (Schweinelachs), sehr mager
1	kleine Zwiebel
150 g	Champignons
100 ml	Weißwein
100 g	Joghurt
100 ml	fettarme Milch
1 TL	Mehl
1 TL	Distelöl

Salz, Pfeffer und Petersilie

Zubereitung

Schweinerücken in feine Streifen schneiden. Zwiebel schälen und klein würfeln. Champignons in Scheiben schneiden. Öl in einer Pfanne stark erhitzen und das Fleisch zusammen mit den Zwiebeln anbraten. Champignons dazugeben und mit dem Mehl bestäuben. Mit Weißwein ablöschen. Joghurt und Milch in einer Schüssel verrühren und dazugeben. Jetzt nicht mehr kochen lassen. Mit Salz und Pfeffer abschmecken und mit der gehackten Petersilie bestreuen.

„Mit Naturreis oder Kartoffeln servieren, dazu noch einen kleinen gemischten Salat."

Hackfleisch Gemüse Pfanne

Nährwert pro Portion: Energie 438 kcal
Fett 27,0 g I KH 13,5 g I Eiweiß 34,1 g I Ballaststoffe 12,4 g

Für 1 Person:

120 g	Rinderhack
1	mittelgroße Zwiebel
1	Knoblauchzehe
1 TL	Tomatenmark
150 g	gehackte Tomaten aus der Dose
200 g	Blattspinat, frisch oder TK
100 g	Champignons
100 g	rote Paprika
30 g	Feta
1 EL	Olivenöl

Salz, Pfeffer

Zubereitung

Paprika und Champignons waschen, putzen und kleinschneiden. Zwiebel und Knoblauch sehr fein würfeln. Öl in einem Topf stark erhitzen. Zwiebel, Knoblauch, Hackfleisch und Tomatenmark unter Rühren krümelig anbraten. Dosentomaten, Paprika, Champignons und Blattspinat zugeben. Mit Salz und Pfeffer würzen.

Ca. 10 Minuten bei kleiner Hitze köcheln lassen. Nochmals abschmecken.

Nach Geschmack eine Messerspitze gekörnte Brühe dazugeben.

Vor dem Servieren den Fetakäse grob zerkleinern und über die Hack-Gemüsemischung geben.

Eine kleine Anekdote zu meiner ersten Erfahrung mit Rouladen.

Ich kannte das Gericht vorher nur vom Hörensagen, hatte es selbst noch nie gegessen oder gekocht. Ich war mit Freunden im Auto auf dem Weg in den Urlaub. Wir hielten an einer Raststätte an, direkt vor einer riesen Werbewand für Rouladen. Das Bild war total appetitlich und einladend. Wir konnten gar nicht anders, als dieses Gericht essen zu wollen. So war ziemlich schnell klar, dass wir Rouladen essen würden. Aber nicht die von der Raststätte, sondern an diesem Abend bei unserer Ankunft unsere eigenen hausgemachten.

Gesagt, getan! Beim ortsansässigen Metzger holten wir Rinderfiletstücke. Nur hatten wir leider nicht bedacht, dass wir einen Fleischklopfer brauchten, um die Filetstücke hauchdünn zu klopfen. Wir stellten die komplette Ferienhausküche nach schweren Gegenständen auf den Kopf. Nichts. Wir behalfen uns mit Pfannen und Töpfen, aber das Fleisch wurde und wurde nicht dünner. Nachdem uns der Bauch vor Lachen schon weh tat und der Griff von der Pfanne abgebrochen war, entschieden wir uns einfach für eine Riesenrolle.

Es war ein schöner Abend mit leckerem Essen und ich konnte gar nicht glauben, dass ich so ein schmackhaftes Gericht zuvor noch nie gegessen hatte. Zudem muss ich sagen, dass es absolut abnehmtauglich ist, denn Rouladen sind mit dem dünnen Rindfleisch sehr mager.

Hier ist ein Rezept für dich, das ich dann zu Hause nochmal ausprobiert und auf meinen Geschmack getrimmt habe.

Rinderrouladen mit klassischer Füllung

Nährwert pro Portion: Energie 440 kcal
Fett 20,1 g I KH 8,1 g I Eiweiß 47,9 g I Ballaststoffe 2,1 g

Für 4 Personen

4	Rinderrouladen, 200 g pro Scheibe
2	große Zwiebeln
200 ml	Rinderfond
2	Gewürzgurken
4	Scheiben magerer Schinken
3 EL	Senf, mittelscharf
50 g	Knollensellerie
1	große Karotte
½	Stange Lauch
250 ml	Rotwein
1 TL	Speisestärke oder Johannisbrotkernmehl
1	Schuss Gurkensud
2 EL	Butterschmalz oder Butter

Salz und Pfeffer

Zubereitung

Zwiebeln schälen und in Streifen schneiden. Gewürzgurken abtropfen lassen und ebenfalls in Streifen schneiden. Rinderrouladen waschen und trocken tupfen.

Rouladen auf einer Seite mit 2 EL Senf bestreichen. Salzen und pfeffern.

Schinken und einen Teil der Zwiebel- und Gurkenstreifen darauf verteilen. Rouladen etwas einschlagen und dann aufrollen.

Mit Holzstäbchen verschließen. Butterschmalz in einer Pfanne gut heiß werden lassen. Rouladen rundum scharf anbraten und danach in einen Schmortopf geben.

Sellerie, Lauch und Karotten putzen, schälen und kleinschneiden. Restliche Zwiebeln mit Sellerie, Lauch und Karotten in der benutzten Pfanne leicht anbraten. Etwas Rotwein dazugeben und verdampfen lassen.

Gemüse kurz wieder anbraten lassen. Jetzt den Vorgang mit dem Rotwein so lange wiederholen, bis der Rotwein aufgebraucht ist. Das Gemüse erhält hierbei eine sehr dunkle bräunliche Farbe. Rinderfond zum Gemüse geben.

Aufkochen und mit Salz, Pfeffer und dem Gurkensud abschmecken.

> Zu Rouladen schmecken Kartoffeln. Als Gemüsebeilage eignet sich Rotkraut.

Alles zu den Rouladen in den Schmortopf geben und Rouladen 1,5 bis 2 Stunden schmoren lassen. Rouladen aus der Soße nehmen und Soße durch ein Sieb geben. Speisestärke mit 2 EL kaltem Wasser anrühren und in die Soße geben.
Soße aufkochen, bis die Stärke gebunden hat und mit einem EL Senf sowie Salz und Pfeffer nochmal abschmecken.

Wer mag, gibt noch etwas Gurkensud dazu.

Pfifferlingsteak mit Steckrüben Sellerie Püree

Nährwert pro Portion: Energie 435 kcal
Fett 17,8 g I KH 24,5 g I Eiweiß 43,2 g I Ballaststoffe 15,1 g

Für 2 Personen:

300 g Rindersteak in 2 Scheiben
1 TL Distelöl
1 kleine Zwiebel
150 g Pfifferlinge
Salz und Pfeffer

Für das Püree

600 g Steckrüben
400 g Knollensellerie
1 Zwiebel
3 EL fettarmer Frischkäse
2 EL fettarme Milch
1 TL Distelöl
½ TL Paprika edelsüß
1 EL gehackte Petersilie zum Bestreuen
Salz und Pfeffer

Zubereitung

Zuerst Steckrüben und Sellerie schälen und würfeln. Dann in reichlich Salzwasser weich kochen und durch ein Sieb abgießen.
Zwiebel klein hacken. In einem Topf das Öl erhitzen und die Zwiebel leicht anbraten. Die gekochten Steckrüben, Sellerie und die restlichen Zutaten für das Püree dazugeben. Alles stampfen, bis ein glattes Püree entsteht. Mit Salz und Pfeffer abschmecken.
Backofen auf 100 Grad vorheizen. Das Steak abtupfen. In die Pfanne Öl geben und die nicht gewürzten Steaks darin von beiden Seiten kurz anbraten. Danach die Steaks auf einen Teller geben und für 10-15 Minuten in den Backofen stellen. In der Zwischenzeit die Zwiebel kleinschneiden und in der Pfanne zusammen mit den Pfifferlingen anbraten. Mit Salz und Pfeffer abschmecken.
Steaks mit den Pfifferlingen und dem Püree auf zwei Tellern anrichten. Über das Püree noch die Petersilie streuen.

Rindergeschnetzeltes

Nährwert pro Portion: Energie 424 kcal
Fett 14,4 g | KH 13,4 g | Eiweiß 56,2 g | Ballaststoffe 4,0 g

Für 1 Person:

200 g	Rinder-geschnetzeltes
5	getrocknete Tomaten
1	große Zwiebel
30 ml	fettreduzierte Sahne
20 ml	Rotwein
4 EL	Tomatenmark
1 EL	Olivenöl

Salz, Pfeffer, Oregano und Thymian

Zubereitung

Zwiebel fein würfeln. Öl im Topf erhitzen. Erst die Zwiebel anbraten, dann das Geschnetzelte dazu geben und mitbraten. Tomatenmark dazugeben und kurz anrösten. Die getrockneten Tomaten in feine Streifen schneiden und in den Topf geben. Mit Rotwein ablöschen und leicht einkochen lassen. Sahne dazugeben. Mit Salz, Pfeffer, Oregano und Thymian abschmecken und noch ca. 10 Minuten köcheln lassen. Bei Bedarf etwas Wasser hinzugeben.

„Probier doch einfach mal Konjaknudeln oder Konjakreis dazu. Als Gemüsebeilage empfehle ich Brechbohnen oder Kohlgemüse."

Rinderfilet mit grünem Bohnengemüse

Nährwert pro Portion: Energie 418 kcal
Fett 18,3 g I KH 14,3 g I Eiweiß 48,5 g I Ballaststoffe 11,9 g

Für 1 Person:

200 g	Rinderfiletsteak
1 TL	Kokosfett
200 g	grüne Bohnen, frisch oder TK
1	kleine Zwiebel
1	Karotte
100 g	Champignons
1	Knoblauchzehe gehackt
250 ml	Tomaten aus der Dose
1 EL	Olivenöl

Thymian, Rosmarin, etwas Chili
Pfeffer und Salz

Zubereitung

Das Rinderfiletsteak von beiden Seiten im Kokosfett anbraten bis der gewünschte Garpunkt erreicht ist. Ich mag es von beiden Seiten nur 2 Minuten angebraten. Danach mit den angegebenen Gewürzen würzen. Zwiebeln und Knoblauch in einem Topf mit Olivenöl glasig anbraten. Karotte und Champignons kleinschneiden und mit den Bohnen zusammen dazugeben. Nach ca. 2 Minuten mit den Tomaten ablöschen und alles für 10 Minuten weiter köcheln lassen. Mit Salz und Pfeffer abschmecken und servieren.

Zucchini Auberginen Lasagne

Nährwert pro Portion: Energie 462 kcal
Fett 28,5 g I KH 11,2 g I Eiweiß 40,5 g I Ballaststoffe 4,2 g

Für 4 Personen:

500 g	Rinderhackfleisch
300 g	Zucchini
300 g	Aubergine
2	Zwiebeln
3	Knoblauchzehen
200 g	Cherrytomaten
400 g	gehackte Tomaten aus der Dose
1 EL	Tomatenmark
100 g	geriebener Gouda
200 g	fettarmer Frischkäse
4 EL	fettarme Milch
1 EL	Olivenöl
1 EL	Paprika edelsüß
1 EL	Kräuter der Provence

Salz und Pfeffer

Zubereitung

Zwiebel und Knoblauch schälen und klein würfeln. Öl in einem Topf erhitzen und Zwiebeln und Knoblauch darin anbraten. Das Rinderhackfleisch und das Tomatenmark dazugeben und alles weiter braten. Mit den Dosentomaten ablöschen. Cherrytomaten halbieren und ebenfalls dazugeben. Mit Salz, Pfeffer, Paprika edelsüß und Kräutern der Provence würzen und abschmecken. Alles eine gute halbe Stunde köcheln lassen. Je länger, desto besser wird die Bolognese. Zucchini und Aubergine in der Zwischenzeit waschen und in lange, etwa einen halben Zentimeter dicke Scheiben schneiden. Mit ein wenig Salz bestreuen. Aus Frischkäse, Milch, Salz und Pfeffer eine geschmeidige Creme herstellen.

Backofen auf 180 Grad vorheizen. Von den Zucchini und Auberginen das Wasser mit einem Küchentuch abtupfen. Nun flächendeckend erst die Aubergine, dann die Zucchini in Schichten übereinander auf dem Boden einer Auflaufform auslegen. Etwas Bolognese draufgeben und die Form in dieser Reihenfolge schichtweise befüllen. Die oberste Schicht sollte Bolognese sein. Diese mit der Frischkäsecreme bestreichen und den gerieben Käse darauf verteilen. Ca. 25 Minuten im Backofen garen, bis eine goldbraune Schicht auf der Lasagne entsteht.

Als Beilage eignen sich gut Spätzle und Waldpilze. Zu einem kräftigen Hirschgulasch passt natürlich auch Rotkraut. Ich mag auch sehr gerne Brokkoliröschen dazu.

Hirschgulasch

Nährwert pro Portion: Energie 247 kcal
Fett 8,2 g I KH 15,1 g I Eiweiß 27,5 g I Ballaststoffe 2,1 g

Für 8 Personen:

1 kg	mageres Hirschgulasch
1 kg	Zwiebeln
2 EL	Öl
2 EL	Paprikapulver, edelsüß
2 EL	Paprikapulver, rosenscharf
5	Pfefferkörner, schwarz
2	Lorbeerblätter
3 EL	Tomatenmark
250 ml	klare Brühe
1	Orange
2	Knoblauch-zehen
1 TL	Kümmel
100 g	Preiselbeeren aus dem Glas
Salz	

Zubereitung

Zwiebeln schälen und klein würfeln. Öl in einem großen Topf erhitzen und die Zwiebeln bei mittlerer Hitze unter Rühren glasig dünsten. Fleisch mit Salz, den beiden Sorten Paprikapulver und Pfeffer würzen und mit den Zwiebeln scharf anbraten.

Pfefferkörner, Lorbeerblätter und Tomatenmark sowie 1/3 der Brühe dazu geben. Alles gut verrühren und aufkochen. Bei geringer Hitze ca. 75 Minuten schmoren lassen. Nach und nach die restliche Brühe dazugeben.

Kurz vor Ende der Garzeit die Orange waschen, trocken tupfen und die Schale fein abreiben. Darauf achten, dass nur die orangefarbene Schicht abgerieben wird, da das Weiße sehr bitter schmeckt. Abgeriebene Orangenschale zum Fleisch geben. Knoblauch schälen und fein gehackt zum Fleisch geben. Kümmel im Mörser zerkleinern und ebenfalls dazugeben.

Das Ganze nochmal 15 Minuten köcheln lassen, dann die Preiselbeeren einrühren.

Hinweis: Die hohen Portionsangaben ergeben sich daraus, dass sich dieses Gericht nicht in kleinen Mengen zubereiten lässt. Es kann aber ohne Schwierigkeiten portionsweise eingefroren werden.

Hühnerfrikassee mit Reis

Nährwert pro Portion: Energie 327 kcal
Fett 13,9 g I KH 18,7 g I Eiweiß 31,6 g I Ballaststoffe 4,7 g

Für 1 Person:

50 g	Naturreis
100 g	gekochtes Hühnerfleisch
100 g	Spargel aus dem Glas
50 g	Erbsen TK
10 g	Butter
2 TL	Mehl

Salz, Pfeffer und Curry

Zubereitung

Reis nach Packungsanleitung in Salzwasser garen. Spargel abgießen und die Spargelbrühe auffangen. Butter in einem Topf erhitzen. Mehl in die heiße Butter einrühren und sofort mit Spargelbrühe aufgießen. Das gekochte Hähnchenfleisch klein würfeln und zusammen mit den Erbsen dazugeben. Kurz aufkochen und auf der heißen Platte ziehen lassen. Spargel in mundgerechte Stücke schneiden, zugeben und kurz mit erwärmen. Frikassee mit Salz, Pfeffer und nach Belieben mit etwas Curry abschmecken.
Mit dem Reis servieren.

Gerichte mit Fisch und Meeresfrüchten

Ich liebe Fisch! Meine Mutter kommt aus Portugal und dort ist es üblich, viel Fisch zu essen. Er ist fast überall erhältlich und wegen der Nähe zum Meer auch immer frisch.

Ich kenne Fisch schon immer als ganzes Tier, mit Kopf, Schwanz und Gräten, nicht nur in Form von Fischstäbchen. Es ist gar nicht so schwer, einen Fisch sauber zu entgräten. Mit ein bisschen Geduld und Übung bekommt man das gut hin. Wer Sorge wegen der Gräten hat, kann sich den Fisch bereits entgrätet kaufen. Fischverkäufer sind dabei gerne behilflich. Oder du kaufst den Fisch als bereits filetierte Tiefkühlware. Das tut der Qualität keinen Abbruch. Im Gegenteil, Fisch wird mittlerweile fangfrisch noch auf dem Schiff eingefroren.

Fisch ist für mich eine super leckere und vor allem kalorienarme Alternative zu Fleisch. Ich finde jegliche Meerestiere, auch Muscheln, Krustentiere und Tintenfische sehr schmackhaft. Mit der Reduzierung meines Fleischkonsums verzehrte ich jetzt mehr Fisch. Früher habe ich beispielsweise zu Salat selbstverständlich Hähnchenbruststreifen gegessen. Heute sind stattdessen gern auch Lachs, Forelle, oder Wolfsbarsch dabei. Auch Spaghetti Bolognese muss es nicht immer sein, probier doch stattdessen mal Spaghetti mit Tintenfischragout.

Fisch ist sehr gesund und je nach Sorte und Zubereitungsart sehr kalorienarm. Das im Fisch enthaltende stoffwechselfördernde Fett (Omega 3) kurbelt zusätzlich deine Fettverbrennung an. Dorade, Sardinen oder Thunfischsteak schmecken hervorragend auf dem Grill und können mit einem Steak definitiv mithalten.
Probier dich einfach mal durch und genieße den leckeren Geschmack von Fisch.

Thunfischsteaks vom Grill

Nährwert pro Portion: Energie 444 kcal
Fett 30,0 g I KH 0,0 g I Eiweiß 44,0 g I Ballaststoffe 0,0 g

Für 4 Personen:

4	Thunfischsteaks à 200 g
3 EL	Sojasoße
3 EL	Olivenöl
1 TL	frischer Rosmarin
1 TL	Zitronensaft
grobes Meersalz	

„Dazu passt ein großer gemischter Salat oder eine herrliche Gemüsepfanne"

Zubereitung

Aus Olivenöl, Sojasoße und Zitronensaft eine leicht zitronige Marinade anrühren.

Rosmarin sehr fein hacken und unter die Marinade rühren. Thunfischsteaks mit der Marinade in einen verschließbaren Gefrierbeutel geben. Dabei darauf achten, dass die Thunfischsteaks von allen Seiten mit der Marinade benetzt werden.

Thunfisch im Gefrierbeutel für mindestens eine Stunde im Kühlschrank marinieren.

Thunfischsteaks auf dem Grill bei mittlerer Hitze, am besten am Rand des Grills, von jeder Seite ca. 3 bis 4 Minuten grillen. Der Thunfisch sollte innen leicht roh bleiben. Zu lange gegrillter Thunfisch wird hart und verliert an Geschmack. Der Thunfisch kann natürlich auch in der Pfanne gebraten werden. Vor dem Verzehr mit dem Salz bestreuen.

Thunfischfrikadellen

Nährwert pro Portion: Energie 301 kcal
Fett 15,5 g I KH 12,3 g I Eiweiß 28,3 g I Ballaststoffe 6,8 g

Für 2 Personen:

300 g	Thunfisch im eigenen Saft
250 g	Kidneybohnen
2	Eier
1	Zwiebel
2 EL	Petersilie gehackt

Salz, Pfeffer und etwas Chili
Etwas Öl zum Braten

Zubereitung

Zwiebel fein schneiden und die Kidneybohnen mit einer Gabel zerdrücken. Thunfisch abtropfen lassen und dazu geben. Mit den anderen Zutaten zu einer geschmeidigen Masse verkneten und kleine Frikadellen formen. Mit den Gewürzen abschmecken. Pfanne mit etwas Öl erhitzen und die Frikadellen langsam ausbraten.

„Mit einem gemischten Salat zusammen ergibt es ein superleckeres Abendessen."

Kabeljau mit Fenchelgemüse

Nährwert pro Portion: Energie 272 kcal
Fett 16,3 g I KH 3,5 g I Eiweiß 27,5 g I Ballaststoffe 2,4 g

Für 4 Personen:

600 g	Kabeljaufilet ohne Gräten
3	Fenchelknollen
1	Zitrone
2	große Tomaten
1 TL	Thymian

Salz, Pfeffer

Zubereitung

Ofen auf 200 Grad Umluft vorheizen. Kabeljau kalt abspülen, trocken tupfen und in vier möglichst gleich große Stücke schneiden. Mit Salz und Pfeffer würzen und mit dem Saft einer Zitrone beträufeln. Fenchel putzen. Dazu die äußere Schicht entfernen, den Stiel abschneiden, Fenchel halbieren und den Strunk rausschneiden. Fenchel in dünne Spalten schneiden.

Die Kabaljaufilets, den Fenchel, die klein gehackten Tomaten und den Thymian in der Auflaufform verteilen.

Bei 200 Grad ca. 10 bis 15 Minuten gar backen.

Bandnudeln mit Stremellachs und Orangen Dill Soße

Nährwert pro Portion: Energie 551 kcal
Fett 15,2 g I KH 70,8 g I Eiweiß 31,7 g I Ballaststoffe 6,2 g

Für 4 Personen:

400 g Bandnudeln
350 g Stremellachs
2 Zucchini
Salz und Pfeffer

Für die Soße:
1 Bund glatte Petersilie
2 Bund Dill
1 große Orange
2 TL mittelscharfer Senf
2 EL Olivenöl
Salz und Pfeffer

Zubereitung

Kräuter waschen und trocken tupfen. Orangen auspressen und den Saft mit den Kräutern, Senf und Öl in einen Rührbecher geben. Mit einem Stabmixer pürieren. Mit Salz und Pfeffer abschmecken.

Die Nudeln in kochendem Salzwasser nach Packungsanleitung garen. Die Zucchini putzen, waschen und mit einem Sparschäler in dünne lange Streifen schneiden. Ca. 1 Minute vor Ende der Garzeit Zucchini zu den Nudeln geben und mitgaren. Anschließend abtropfen lassen. Die Nudeln mit der Sauce mischen. Den Backofen auf 80 Grad vorheizen.

Den Stremellachs auf ein mit Backpapier ausgelegtes Backblech legen und im Ofen 5 bis 8 Minuten erwärmen. Dann aus dem Ofen nehmen, grob zerkleinern und mit den Nudeln vermengen und servieren.

Ofengemüse mit Lachs und Feta

Nährwert pro Portion: Energie 349 kcal
Fett 18,4 g I KH 9,6 g I Eiweiß 35,7 g I Ballaststoffe 5,5 g

Für 2 Personen:

250 g Lachsfilet
2 Zucchini
1 rote Paprika
1 Aubergine
200 g Cherrytomaten
4 Champignons
100 g Schafskäse
2 Knoblauchzehen
1 Rosmarinzweig
Ein Spritzer Zitronensaft
Etwas Olivenöl
Salz und Pfeffer

Zubereitung

Das Lachsfilet mit etwas Zitrone beträufeln und salzen. Zucchini waschen, längs halbieren und in Scheiben schneiden. Paprika und Aubergine in mundgerechte Würfel schneiden. Cherrytomaten halbieren und die Champignons vierteln. Alles Gemüse in eine Schüssel geben. Knoblauch fein hacken und ebenfalls dazugeben. Alles mit Salz, Pfeffer, einem Rosmarinzweig und einem Schuss Olivenöl würzen und gut durchmischen.

Gemüse auf ein mit Backpapier ausgelegtes Backblech oder in eine Auflaufform geben. Das Lachsfilet darauf legen und den Schafskäse darüberkrümeln.

Im Backofen bei 180 Grad 30-35 Minuten garen.

Lachs in Tomatensoße mit Riesenbohnen

Nährwert pro Portion: Energie 321 kcal
Fett 14,2 g I KH 7,6 g I Eiweiß 40,4 g I Ballaststoffe 2,8 g

Für 2 Personen:

400 g Lachs ohne Haut
250 ml passierte Tomaten
1 rote Zwiebel
1 EL Saure Sahne 10% Fett
120 g Riesenbohnen aus dem Glas
Etwas Öl
Salz, Pfeffer und gehackte Petersilie

Zubereitung

Zwiebel fein hacken. Öl in einem Topf erhitzen und Zwiebel darin kurz anbraten.
Mit passierten Tomaten aufgießen. Saure Sahne unterrühren und alles aufkochen. Mit Salz und Pfeffer abschmecken.
Riesenbohnen in einem Sieb gut abtropfen lassen. Lachs in mundgerechte Stücke schneiden. Lachs und Riesenbohnen in die Tomatensoße geben und bei geringer Hitze in 5–10 Minuten gar ziehen lassen. Gehackte Petersilie darüber streuen.

Spinat Lachs Rolle

Nährwert pro Portion: Energie 600 kcal
Fett 35,6 g I KH 6,5 g I Eiweiß 63,2 g I Ballaststoffe 8,7 g

Für 2 Personen:

Für die Rolle:

3	Eier
250 g	Blattspinat TK
80 g	geriebener fettarmer Käse
10 g	Flohsamen

Salz, Pfeffer und Muskatnuss

Für den Belag:

250 g	geräucherter Lachs in Scheiben
100 g	Kresse
100 g	fettarmer Frischkäse
100 g	Avocado

Zubereitung

Den TK Spinat auftauen lassen. Eier in eine Schüssel geben und mit Salz, Pfeffer und Muskat schaumig schlagen. Geriebenen Käse zu der Eimasse geben. Flohsamen dazugeben und mischen. Den Spinat gut ausdrücken bis kaum oder gar kein Wasser mehr enthalen ist und zur Eimasse mengen. Mit einem auf mit Backpapier ausgelegtem Backblech verteilen und bei 180 Grad 20 Minuten backen. Aus Avocado und Frischkäse eine Creme herstellen und den ausgekülten Teig damit bestreichen. Dann mit Kresse und Lachs belegen, aufrollen und portionieren.

Muscheln in Weißweinsoße

Nährwert pro Portion: Energie 400 kcal
Fett 21,2 g I KH 8,4 g I Eiweiß 20,4 g I Ballaststoffe 3,6 g

Für 2 Personen:

1 kg	Venusmuscheln, es gehen auch Miesmuscheln
1	große Zwiebel
3	Knoblauchzehen
3 EL	Olivenöl
½	Bund Petersilie
1	Bund Koriander
250 ml	Weißwein

Saft 1 Zitrone
Salz und Pfeffer

Zubereitung

Die Muscheln waschen und abgetropft beiseitestellen. Zwiebel fein würfeln und den Knoblauch hacken. Petersilie und Koriander ebenfalls feinhacken.
Öl in einem großen Topf erhitzen und Zwiebeln und Knoblauch darin glasig anbraten. Die Muscheln dazugeben, mit Salz und Pfeffer würzen und mit dem Weißwein ablöschen. Die Muscheln im Sud ca. 10 Minuten bei niedriger Temperatur köcheln lassen, bis sie sich geöffnet haben.
Topf vom Herd nehmen, Kräuter unterrühren und die Zitrone über den Muscheln ausdrücken. Fertig.

„Mit einem Stück Baguette wird dieses Gericht zu einer leckeren Vorspeise, mit Nudeln eignet es sich als Hauptgericht.“

Tintenfischragout mit Gemüse

Nährwert pro Portion: Energie 307 kcal
Fett 12,4 g I KH 17,6 g I Eiweiß 30,5 g I Ballaststoffe 6,4 g

Für 2 Personen:

300 g	Tintenfisch, frisch oder TK
1	große Zwiebel
3	Knoblauchzehen
1	große Zucchini
1	gelbe oder rote Paprikaschote
6	große Champignons
70 g	Erbsen
125 ml	Gemüsebrühe
300 g	gehackte Tomaten aus der Dose
2 EL	Tomatenmark
2 EL	Olivenöl

Basilikum, Oregano, Thymian, Salz und Pfeffer

Zubereitung

Tintenfisch in Stücke oder Ringe schneiden und beiseitestellen, wenn TK vorher auftauen lassen. Es gibt Tintenfisch auch in Öl eingelegt im Glas. Hier lasse ich einfach alles abtropfen und spüle es dann nochmal in einem Sieb ab.

Zwiebel und Knoblauch fein hacken. Zucchini in Scheiben schneiden, Paprika und Champignons ebenfalls in schmale Scheiben schneiden. Das Olivenöl in einer Pfanne erhitzen und Zwiebeln und Knoblauch glasig anbraten. Tintenfisch hinzufügen und etwa 5 Minuten anbraten.

Champignons, Erbsen und Paprika hinzugeben und alles mit der Brühe ablöschen. Unter Rühren bei mittlerer Hitze etwa 10 Minuten köcheln lassen. Dann die Zucchini mit den gehackten Tomaten dazugeben und das Tomatenmark einrühren. Weitere 5 Minuten bei schwacher Hitze köcheln. Wenn der Tintenfisch zart ist, ist das Gericht fertig.

Zum Schluss mit den Kräutern, Salz und Pfeffer abschmecken. Dazu passen fantastisch Erbsennudeln oder Kartoffeln.

Vegetarische und vegane Gerichte

MANZANA KANZI
ITALIA
1 KG 3.30
MANZANA ESPAÑA
1 KG

Dies ist eine Rubrik, die ich noch vor einem Jahr niemals so hätte füllen können.
Ich bin bis heute keine Vegetarierin und ich liebe es weiterhin Fleisch und Fisch zu essen. Aber ich muss sagen, dass sich mit meiner Ernährungsumstellung auch mein Bewusstsein für vegetarische und vegane Gerichte verändert hat.

Früher gehörte ein Stück Fleisch selbstverständlich mit auf den Teller. Das Gericht war nicht vollständig, wenn keine Fleischkomponente dabei war. Ich hatte bei vegetarischen Gerichten immer das Gefühl nicht satt zu werden. Eigentlich gab es jeden Tag mehrmals Fleisch und wenn ich ehrlich bin, wollte ich mir auch überhaupt gar keine Gedanken darüber machen, was dieser hohe Fleischkonsum für mich, meinen Körper, aber auch für meine Umwelt zu bedeuten hat. Diese Denkweise zeigt ganz deutlich, wie festgefahren wir sind, wenn wir uns erst mal etwas angewöhnt haben.

Mittlerweile habe ich viele vegetarische Gerichte ausprobiert und durfte feststellen, dass sie durchaus ausreichend und vor allem lecker und sehr gesund sind. Ich kann dir wirklich nur empfehlen, dich zum Ausprobieren zu motivieren und dann einfach offen zu sein. Hülsenfrüchte, Gemüsepfannen und Bratlinge können noch so viel mehr als nur eine Beilage sein.

Der Ernährungstrend „Vegan“ ist auch an mir nicht vorübergegangen und ich esse durchaus super gerne mal eine Mahlzeit rein vegan. Allerdings könnte ich mir aktuell eine Ernährung, die auf jegliche tierische Produkte verzichtet, nicht vorstellen. Das sollte aber jedem selbst überlassen sein. Ich persönlich esse einfach viel zu gerne Quark, Eier und Co. Aber sich für Alternativen zu öffnen und einfach zu entdecken, was sich mit Austauschprodukten alles zaubern lässt, ist hochinteressant und großartig! Keine andere Küche lässt mich so oft staunen, was alles möglich ist. Deswegen bin ich durchaus eine Freundin von abwechslungsreichen und innovativen Ernährungstrends.

Süßkartoffel Gnocchi

Nährwert pro Portion: Energie 554 kcal
Fett 18,7 g I KH 78,3 g I Eiweiß 17,8 g I Ballaststoffe 1,2 g

Für 2 Personen:

250 g Süßkartoffeln
50 g Mandelmehl
120 g Reismehl
1 Ei
5 getrocknete Tomaten
1 TL Thymian
1 TL Oregano
Salz, Pfeffer und geriebene Muskatnuss

"Mandel- und Reismehl machen die Gnocchi glutenfrei und kohlenhydratärmer. Wer kein Mandel- oder Reismehl zur Hand hat, kann beide Mehlsorten auch durch normales Vollkornmehl ersetzen. Dazu passt das Avocadopesto von Seite 235."

Zubereitung

Süßkartoffeln schälen, grob kleinschneiden und in Salzwasser weich kochen. Wasser abgießen und Süßkartoffeln zerstampfen. Mit Salz, Pfeffer, Muskat, Thymian und Oregano kräftig abschmekken. Beide Mehle sowie das Ei nach und nach mit den Süßkartoffeln verkneten. Bei Bedarf noch etwas mehr Mehl zugeben. Getrocknete Tomaten in sehr kleine Stücke schneiden und unter den Teig mischen.

Teig für ca. 15 bis 20 Minuten ins Gefrierfach legen. Anschließend den Teig zu einer dünnen Wurst formen und dann in ca. 2,5 cm lange Stücke schneiden. Wer mag, drückt noch mit einer Gabel das typische Muster rein.

Reichlich Salzwasser in einem Topf zum Kochen bringen. Gnocchi dazugeben und bei niedriger Temperatur sieden lassen. Die Gnocchi sind fertig, wenn sie oben schwimmen.

Curry mit Auberginen, Kürbis, Kichererbsen und Spinat

Nährwert pro Portion: Energie 288 kcal
Fett 17,6 g | KH 22,7 g | Eiweiß 9,1 g | Ballaststoffe 9,3 g

Für 2 Personen:

250 g	Hokkaido-kürbis
150 g	Aubergine
100 g	Paprika
100 g	Kichererbsen aus der Dose
100 g	frischer Spinat
1	Knoblauch-zehe
1	Stück Ingwer (daumengroß)
1 TL	Kurkuma-pulver
1 TL	Kreuzkümmel
1	kleine Chili oder Cayenne-pfeffer
1 TL	gekörnte Brühe
2 TL	Olivenöl
200 g	gehackte Tomaten
180 ml	fettarme Kokosmilch
3 TL	Sojasoße
2 TL	gerösteter Sesam

Zubereitung

Kürbis, Auberginen und Paprika in mundgerechte Stücke schneiden.
2 TL Öl erhitzen. Gepressten Knoblauch und gehackten Ingwer darin anbraten. Gemüse, Kurkuma, Kreuzkümmel, klein geschnittene Chili oder Cayennepfeffer dazugeben, scharf anbraten. Mit Kokosmilch ablöschen. Gehackte Tomaten dazugeben. 15 Minuten bei niedriger bis mittlerer Hitze köcheln lassen. Kurz vor Ende die abgetropften Kichererbsen und den gewaschenen Spinat dazugeben. Warten, bis der Spinat zusammengefallen ist, dann mit Sojasoße und gekörnter Brühe abschmecken. Auf Tellern portionieren und mit geröstetem Sesam bestreuen.

Passt super zu Reis, Hirse, Couscous und Quinoa.

GRANATAPFEL

Auf meiner Reise zu einer gesunden und abwechslungsreichen Küche habe ich so viele tolle, für mich neue Lebensmittel lieben und schätzen gelernt. Eines davon ist definitiv der Granatapfel.

Wie oft habe ich diese Frucht verflucht, aber sie ist einfach viel zu lecker und heute nicht mehr aus meinem Speiseplan wegzudenken, weil sie so gut in vielerlei Gerichte passt und zusätzlich noch ein Highlight für das Auge bietet.

Jeder, der sich schon mal mit einem Granatapfel angelegt hat, weiß, wie es ausgeht: Du und deine Küche haben den Kürzeren gezogen. Auch bei größter Vorsicht spritzt dir der ganze Saft einfach in alle Himmelsrichtungen.

Ich habe so einiges ausprobiert um dieses Massaker zu vermeiden und irgendwann die perfekte Methode gefunden, einen Granatapfel kinderleicht zu schälen.

Nimm dir eine große Schüssel und fülle diese mit Wasser, bis der Granatapfel darin komplett unter Wasser Platz findet.
Alles Weitere findet nun unter Wasser statt.

Schneide zuerst den oberen Strunk ab, dann einen Teil der Unterseite. So lässt sich der Granatapfel ganz gut in zwei Teile brechen. Jetzt kannst du die Schale ganz einfach von den Kernen lösen. Die Kerne sind schwerer als das Wasser und sinken entsprechend auf den Boden. Die weißen Häutchen dazwischen steigen hingegen an die Wasseroberfläche und du kannst sie einfach absieben.

Kinderleicht und total simpel. So macht Granatapfel essen Spaß.
Also in diesem Sinne: Möge die Macht mit dir sein und der Granatapfel gnädig.
Ein Rezept mit Granatapfel findest du auf der nächsten Seite.

Grünkohl mit Kürbis und Haselnüssen

Nährwert pro Portion: Energie 254 kcal
Fett 16,1 g | KH 15,7 g | Eiweiß 11,2 g | Ballaststoffe 9,0 g

Für 2 Personen:

300 g	Kürbis
1	Knoblauchzehe
½	rote Chili
40 ml	Sojasoße
1 EL	Honig
2 EL	mittelscharfer Senf
250 g	Grünkohl
½	Zitrone
2 EL	Olivenöl
30 g	Haselnüsse
50 g	Granatapfel

Salz und Pfeffer

Zubereitung

Kürbis schälen, entkernen und in Würfel schneiden. Chilischote waschen, entkernen und in Streifen schneiden. Geschälten Knoblauch fein hacken. Aus Chili, Knoblauch, Sojasoße, Honig und 1 TL Senf eine Marinade anrühren. Kürbis 10 bis 15 Minuten darin marinieren. Grünkohl waschen und trocken tupfen, den Strunk rausschneiden und die Blätter sehr fein schneiden. 1 EL Olivenöl, Saft der Zitrone und den restlichen Senf zu einem Dressing verrühren. Mit Salz und Pfeffer abschmecken. Dressing über den Grünkohl geben und Grünkohl kurz etwas kneten.

Das restliche Olivenöl in einer Pfanne erhitzen und den marinierten Kürbis darin von allen Seiten anbraten. Dann die Marinade dazugeben. Für ca. 15 Minuten bei mittlerer Hitze fertig garen. Der Kürbis sollte noch etwas Biss haben. Haselnüsse grob hacken und zusammen mit den Granatapfelkernen zum Grünkohl geben. Zum Schluss den Kürbis und den entstandenen Sud daruntermischen.

“ *Wenn es schnell gehen soll, eignet sich Hokkaidokürbis am besten, da er nicht geschält werden muss. Hokkaidokürbis hat einen leicht nussigen, an Maronen erinnernden Geschmack. Wer mag, kann die Haselnüsse nach dem Hacken auch noch kurz in einer Pfanne ohne Fett anrösten. Das unterstreicht ihren Geschmack. Vorsicht: Die Haselnüsse werden schnell schwarz und schmecken dann bitter. Natürlich lässt sich der Grünkohl auch erst blanchieren und dann zu Salat verarbeiten. Wer es knackiger mag, bleibt beim rohen Grünkohl.* ”

Süßkartoffel Babyspinat Salat

Nährwert pro Portion: Energie 251 kcal
Fett 20,4 g I KH 9,2 g I Eiweiß 6,7 g I Ballaststoffe 6,4 g

Für 2 Personen:

600 g Süßkartoffeln
100 g frischer Babyspinat
1 rote Zwiebel
10 g gehackte Cashewkerne

Mandelmayonnaise

½ Knoblauchzehe
60 g Mandelmus
70 ml Mandelmilch
2 EL Wasser
2 TL Senf
1 EL Rapsöl
4 EL Zitronensaft
1 EL gehackte Petersilie
Salz und Pfeffer

Zubereitung

Süßkartoffeln schälen und in Scheiben schneiden. In kochendem Salzwasser bissfest kochen und danach kaltstellen. Zwiebel schälen, fein hacken und mit dem Spinat zu den Süßkartoffeln geben.
Für die Mandelmayonnaise alle Zutaten in ein hohes Gefäß geben und mit dem Stabmixer so lange pürieren, bis eine Mayonnaise entsteht. Über die Süßkartoffeln und den Spinat geben und alles mischen.
Zum Schluss mit den Cashewkernen garnieren.

Auberginen Linsen Lasagne

Nährwert pro Portion: Energie 434 kcal
Fett 2,8 g I KH 63,6 g I Eiweiß 34,5 g I Ballaststoffe 21,4 g

Für 1 Person:

100 g Berglinsen
1 große Aubergine
200 g Champignons
1 Dose gehackte Tomaten
1 kleine Zwiebel
1 Knoblauchzehe
20 g Basilikum gehackt
4 EL Balsamicoessig
1 EL Olivenöl
Salz und Pfeffer

Eine übriggebliebene Portion lässt sich am nächsten oder übernächsten Tag gut mit zur Arbeit nehmen. In der Mikrowelle ist sie schnell aufgewärmt. Zur Auberginen Linsen Lasagne passt eine Tomatensoße ebenso gut wie ein Quark- oder Joghurtdip oder Tsatsiki.

Zubereitung

Aubergine längs in ca. 5 mm dicke Scheiben schneiden. Mit Salz bestreuen und ca. 10 Minuten ziehen lassen. Anschließend in einer Pfanne mit wenig Öl knusprig braun braten.

1 EL Olivenöl in einem Topf erhitzen, die fein gewürfelte Zwiebel und den gehackten Knoblauch darin anbraten. Die geputzten Champignons sehr klein würfeln und zu den Zwiebeln und Knoblauch geben.

Linsen waschen und ebenfalls dazugeben. Mit 200 ml Wasser aufgießen und leicht bissfest garkochen. Bei Bedarf gegen Ende noch etwas Wasser dazugeben. Mit Salz, Pfeffer und Balsamico abschmecken.

Gehackte Basilikumblätter untermischen.

Auberginen und Linsen abwechselnd zu einer Lasagne schichten.

Buchweizen Rote Bete Risotto

Nährwert pro Portion: Energie 461 kcal
Fett 2,5 g I KH 93,4 g I Eiweiß 14,1 g I Ballaststoffe 11,7 g

Für 4 Personen:

1 kg	gekochte Rote Bete
400 g	Buchweizen
100 g	Steinpilze
1	Zitrone
400 ml	Kokosmilch

Salz und Pfeffer

Zubereitung

Buchweizen waschen. Einen Liter Wasser zum Kochen bringen, Buchweizen dazu geben, kurz aufkochen lassen und dann 10-15 Minuten leicht köcheln lassen, bis das gesamte Wasser verkocht ist. Der Buchweizen sollte Biss haben, aber nicht zu fest sein. Bei Bedarf einfach noch etwas Wasser dazugeben.

In der Zwischenzeit die Rote Bete kleinschneiden und mit der Kokosmilch, dem Saft der Zitrone sowie Salz und Pfeffer in ein hohes Gefäß geben. Alles mit dem Stabmixer zu einer glatten Masse pürieren. Wenn der Buchweizen perfekt ist, die Rote-Bete-Masse unterziehen. Steinpilze schneiden und ebenfalls dazugeben. Alles nochmal unter ständigem Rühren 2 Minuten garen lassen.

Chili sin Carne

Nährwert pro Portion: Energie 297 kcal
Fett 21,3 g I KH 48,5 g I Eiweiß 25,6 g I Ballaststoffe 17,6 g

Für 2 Personen:

200 g	Tofu oder Sojagranulat
1	große Zwiebel
2	Knoblauchzehen
1	Chili
1	kleine rote Paprika
1	kleine gelbe Paprika
1	Karotte
1	Stange Staudensellerie
100 g	Kidneybohnen
100 g	Mais
100 g	Tomaten aus der Dose
4 EL	Tomatenmark
300 ml	Gemüsebrühe
1 EL	Rapsöl
½ TL	Thymian
½ TL	Oregano
½ TL	Mayoran
Salz und Pfeffer	

Zubereitung

Tofu zerbröseln oder das Sojagranulat nach Packungsbeilage in heißem Wasser einweichen. Zwiebel, Knoblauch und Chili fein hacken. Karotte, Staudensellerie und Paprika in sehr feine Würfel schneiden.
In einem Topf das Rapsöl erhitzen und darin Zwiebel und Knoblauch glasig braten. Chili und klein geschnittenes Gemüse hinzugeben. Anschließend Tofu oder Granulat einrühren, 5 Minuten köcheln lassen. Danach Tomaten, Tomatenmark, Mais, Kidneybohnen und alle Gewürze hinzugeben. Gemüsebrühe dazugießen, umrühren und ca. 30 Minuten köcheln lassen. Nochmals abschmecken.

Mit Naturreis, Quinoa oder auch Süßkartoffeln bekommt dieses Gericht einen gelben Punkt.

"Das Chili schmeckt am nächsten Tag, nachdem es durchziehen konnte, noch viel besser. Dadurch eignet es sich super zum Vorkochen."

Falsches Kartoffelgratin

Nährwert pro Portion: Energie 388 kcal
Fett 17,2 g I KH 39,0 g I Eiweiß 16,8 g I Ballaststoffe 7,3 g

Für 2 Personen:

2 Kohlrabi
1 Karotte groß
1 kleine Zucchini
150 ml fettreduzierte Kochsahne
100 ml Milch
50 g geriebener Käse nach Wahl
1 Knoblauchzehe
1 TL Thymian
Muskat, Kurkuma, Salz und Pfeffer

Zubereitung

Backofen auf 170° C Umluft vorheizen. Kohlrabi, Karotte und Zucchini in dünne Scheiben schneiden. Abwechselnd fächerförmig in eine Auflaufform schichten. Fettreduzierte Sahne und Milch zum Kochen bringen. Knoblauch pressen und in die Milch geben. Thymian dazu und mit Salz, Pfeffer, Kurkuma und Muskat abschmecken. Alles über das Gemüse geben und mit Käse bestreuen. Für 25-30 Minuten im Backofen garen.

Folienkartoffel mit Quark

Nährwert pro Portion: Energie 248 kcal
Fett 0,9 g | KH 36,9 g | Eiweiß 20,7 g | Ballaststoffe 4,5 g

Für 1 Person:

2	Kartoffeln (ca. 200 g)
50 g	fettarmer Joghurt
100 g	Magerquark
25 ml	fettarme Milch
5	Radieschen
1 TL	Zitronensaft

Kräutersalz, Dill und Petersilie

Zubereitung

Backofen auf 225 Grad vorheizen. Kartoffeln gründlich waschen. Mit Kräutersalz bestreuen und in Alufolie einwickeln. Für mindestens 40 Minuten im Backofen backen.

Kräuter waschen, trockentupfen und hacken. Einige Kräuter beiseitestellen.

Radieschen waschen, trocken tupfen und entweder sehr klein schneiden oder reiben. Joghurt, Magerquark, Milch und Zitronensaft glattrühren. Kräuter und Radieschen unterheben.

Kartoffeln aus dem Ofen nehmen. Der Länge nach aufschneiden und jeweils mit der Hälfte des Quarks füllen.

Mit den restlichen Kräutern bestreuen.

Brokkoli Amaranth Bällchen

Nährwert pro Portion: Energie 370 kcal
Fett 14,7 g I KH 21,5 g I Eiweiß 36,3 g I Ballaststoffe 12,3 g

Für 1 Person:

350 g	Brokkoli
20 g	gepuffter Amaranth
80 g	geriebener Käse
1	Knoblauchzehe, gehackt
1	Ei

Etwas Olivenöl
Salz und Pfeffer

Zubereitung

Backofen auf 200 Grad vorheizen. Brokkoli waschen und in kleine Röschen zerteilen. In einem Topf mit Siebeinsatz über wenig Wasser bissfest garen.

Brokkoli mit einem Stabmixer sehr fein zerkleinern.

Brokkolimasse in ein Mulltuch geben und Flüssigkeit herauspressen. So lange pressen, bis nur noch sehr, sehr wenig Flüssigkeit austritt.

Brokkolimasse mit Amaranth, Käse, gehacktem Knoblauch, Ei, Salz und Pfeffer gut vermengen. Aus der Masse 10-12 möglichst gleich große Bällchen formen und diese in eine mit Olivenöl bepinselte Auflaufform geben.

Für 30-35 Minuten im Backofen leicht braun werden lassen.

Kichererbsen Frikadellen

Nährwert pro Portion: Energie 268 kcal
Fett 10,8 g I KH 24,8 g I Eiweiß 17,3 g I Ballaststoffe 5,4 g

Für 1 Person:

100 g Kichererbsen aus der Dose
10 g Hirse
½ TL Currypulver
1 Ei
1 EL gehackte Petersilie
1 TL Kreuzkümmel
Koriander, Pfeffer, Kräutersalz
Etwas Olivenöl zum Braten

Zubereitung

Hirse in Wasser nach Packungsbeilage kochen. Dann alle Zutaten miteinander vermischen und mit dem Stabmixer pürieren.
Kleine flache Frikadellen formen und in einer heißen Pfanne mit wenig Öl braten.

„Die Frikadellen eignen sich prima als kleiner Snack zwischendurch.
Mit Salat und Kräuterquark oder Tsatsiki wird ein schnelles und leichtes Hauptgericht daraus."

Blumenkohlbällchen

Nährwert pro Portion: Energie 554 kcal
Fett 28,8 g I KH 48,5 g I Eiweiß 26,2 g I Ballaststoffe 19,8 g

Für 2 Personen:

400 g	weiße Bohnen
300 g	Blumenkohl
50 g	Petersilie
60 g	Mandelmehl
80 g	Vollkornmehl
2	Knoblauchzehen
½	Chili
1 TL	Kreuzkümmel
1 ½ TL	Salz
½ TL	Backpulver
20 g	Kokosfett zum Ausbraten

Zubereitung

Für die Bällchen alle Zutaten außer das Kokosfett in ein hohes Gefäß geben und mit einem Stabmixer zu einer Creme mixen. Teig zu kleinen Kugeln formen. Kokosfett in einem Topf erhitzen und Bällchen nacheinander ausbacken. Dazu passt ein Hummus-Dip von Seite 230.

„Mit einem gemischten Salat wird das Gericht zu einer sättigenden Mahlzeit."

Zucchinipuffer

Nährwert pro Portion: Energie 439 kcal
Fett 18,4 g | KH 29,8 g | Eiweiß 37,0 g | Ballaststoffe 3,4 g

Für 1 Person:

200 g	Zucchini
100 g	Magerquark
1	Ei
3 EL	geriebener Parmesan
3-4 EL	Mehl z. B. Dinkelmehl

Salz, Pfeffer und gemahlene Muskatnuss
Öl zum Braten

Zubereitung

Zucchini waschen, putzen und grob reiben. Mit den restlichen Zutaten außer dem Öl mischen. Mit Salz, Pfeffer und wenig Muskat abschmecken. Öl in einer Pfanne erhitzen. 3-5 kleine Zucchinipuffer darin goldbraun ausbacken.

„Dazu schmeckt Tsatsiki. Wer es etwas edler möchte, kombiniert die Zucchinipuffer mit ein wenig Kräuterquark und Räucherlachs."

Blumenkohltaler

Nährwert pro Portion: Energie 254 kcal
Fett 13,4 g I KH 7,5 g I Eiweiß 24,65 g I Ballaststoffe 8,7 g

Für 2 Personen:

300 g	Blumenkohl
1	Ei
30 g	geriebener Käse nach Geschmack
1 EL	gehackte Kräuter, z. B. Kräuter der Provance

Salz und Pfeffer

Zubereitung

Den Blumenkohl feinreiben. Etwas salzen. Das zieht das Wasser aus dem Kohl und die Masse wird trockener. Sehr gut ausdrücken. Die restlichen Zutaten dazugeben und gut vermengen. Mit Salz und Pfeffer abschmecken.
Backblech mit Packpapier auslegen und den Ofen auf 180 Grad vorheizen. Mit einem Löffel kleine Taler auf das Blech geben. Je dünner die Taler sind, desto knuspriger werden sie. Ca. 15 Minuten backen, so dass sie goldbraun und kross sind. Nun könnt ihr sie nach Herzenslust belegen.

"Die Taler mit selbstgemachtem Kräuterfrischkäse bestreichen. Ich belege sie gerne mit Rucola und Putenschinken oder mit Spargel und Hähnchenbrust."

Hirse Karotten Taler

Nährwert pro Portion: Energie 304 kcal
Fett 3,5 g I KH 57,9 g I Eiweiß 9,4 g I Ballaststoffe 20,7 g

Für 2 Personen:

150 g	Hirse
400 ml	Gemüsebrühe
1	große geraspelte Möhre
1	Zwiebel
1 EL	mittelscharfer Senf
2 EL	Johannisbrotkernmehl
1 TL	Paprikapulver
1 TL	Kurkuma

Zubereitung

Die Hirse in der Gemüsebrühe 10 Minuten kochen. Vom Herd nehmen und 5 Minuten quellen lassen. Sollte noch Brühe übrig sein, diese abgießen. Zwiebel fein würfeln.
Hirse und alle weiteren Zutaten in eine Schüssel geben. Alles muss sehr gut miteinander vermischt werden. Daraus nun erst mittelgroße Kugeln formen und diese zu Talern drücken. In einer Pfanne mit etwas Öl von beiden Seiten ausbacken oder alternativ im Backofen bei 200 Grad 15 Minuten backen.

"Dazu passt eine bunt gemischte Gemüsepfanne mit Kräuterquark"

Suppen und Eintöpfe

Suppen und auch Eintöpfe sind gerade in den Wintermonaten beliebte Gerichte. Eine wärmende Suppe finde ich sehr lecker und, je nach Beilage, vor allem auch sättigend. Ich mag es sehr gerne, aus einer schönen tiefen Schüssel, eine warme Suppe zu löffeln. In meiner Kindheit gab es öfter Suppen und Eintöpfe mit allerlei Zutaten. Gerade, wenn es Resteverwertung hieß, kam so ziemlich alles in den Topf. Aufgewertet wurde der Eintopf mit Reis, Kartoffeln, Bohnen oder Nudeln. Das wusste ich als Kind nicht immer so zu schätzen, aber heute sind das tatsächlich sehr schöne Erinnerungen. Klassische Wintergemüse wie Wirsing, Kohl, Rosenkohl, Blumenkohl oder Karotten bieten sich für Eintöpfe und Suppen wunderbar an.

Suppen sind super simpel, schnell gekocht und liegen nicht schwer im Magen.
Demnach sind sie echte Favoriten für den Abend, wenn du mal nicht so viel Lust hast, aufwendig zu kochen und es schnell gehen soll. Eine Gemüsesuppe ist ideal, wenn du Kalorien sparen und trotzdem satt werden möchtest. Gerade an sportfreien Abenden kommt bei mir sehr gerne eine Suppe oder ein Eintopf auf den Tisch.

Suppen und Eintöpfe kannst du gut vegetarisch lassen und mit Hülsenfrüchten aufwerten. Sie bekommen aber auch mit Würstchen oder Fisch den richtigen Pepp.

Du kannst sie unproblematisch in größeren Mengen kochen und für den nächsten Tag in den Kühlschrank stellen. Suppen und Eintöpfe sind für mich auch echte Klassiker zum Einfrieren. Bei Bedarf hole ich sie portionsweise aus dem Eisschrank und spare mir so jede Menge Arbeit.

Kichererbsensuppe mit Kurkuma und Ingwer

Nährwert pro Portion: Energie 209 kcal
Fett 4,1 g I KH 35,4 g I Eiweiß 8,9 g I Ballaststoffe 6,4 g

Für 4 Personen:

1	Zwiebel
350 g	Süßkartoffel
1,5 l	Wasser
330 g	Kichererbsen aus dem Glas
2 TL	Pfeffer
3 TL	Salz
2 cm	frische Kurkumawurzel
1 cm	frischer Ingwer
1	Knoblauchzehe
400 ml	Kokosmilch
150 g	Brokkoli

Zubereitung

Die Zwiebel schälen, kleinschneiden und glasig anbraten. Süßkartoffel schälen, würfeln und dazugeben. Mit Wasser bedecken und einkochen lassen. Mit Pfeffer und Salz würzen.

Nach ca. 15 Minuten vom Herd nehmen und etwas abkühlen lassen. Kurkuma, Ingwer, Knoblauch, Kichererbsen und Kokosmilch mit in den Topf geben und mit dem Stabmixer cremig mixen.

Den Brokkoli in einer Pfanne andünsten und nach Belieben würzen. Eventuell den Brokkoligeschmack pur genießen, da die Suppe schon sehr würzig ist. Suppe auf Teller verteilen und den Brokkoli darauf geben.

Tom Kha Gai

Nährwert pro Portion: Energie 302 kcal
Fett 4,6 g I KH 12,3 g I Eiweiß 52,2 g I Ballaststoffe 2,9 g

Für 2 Personen:

400 ml	Kokosmilch
300 ml	Hühnerbrühe, möglichst frisch
400 g	Hühnerbrust
150 g	Champignons
1	Karotte
50 g	Erbsen
5	Stängel Zitronengras
3	Chili
8	Minzblätter
4 EL	Fischsauce
2 EL	Limettensaft
1 EL	Honig

Koriandergrün nach Belieben

Zubereitung

Zitronengras in ca. 5 cm lange Stücke schneiden und flachklopfen. Hühnerbrühe und Kokosmilch aufkochen, Chili in Ringe schneiden. Zitronengras, Minzblätter und Chili in die Flüssigkeit geben und ca. 5 Minuten leicht köcheln lassen. Champignons putzen und in Scheiben schneiden. Karotten kleinwürfeln und zusammen mit den Erbsen und den Champignons zur Brühe geben und 10 Minuten köcheln lassen. Hühnerbrust in Streifen schneiden, in die Suppe einrühren und gar ziehen lassen. Mit Fischsauce, Limettensaft und Honig abschmecken.
Vor dem Servieren nach Belieben mit Koriandergrün bestreuen.

Zucchinisuppe mit Garnelen

Nährwert pro Portion: Energie 224 kcal
Fett 10,3 g I KH 7,1 g I Eiweiß 25,0 g I Ballaststoffe 2,6 g

Für 1 Personen:

400 g Zucchini
1 kleine Zwiebel
150 ml Gemüsebrühe
2 EL Hüttenkäse
1 TL Olivenöl
2 EL Petersilie
Salz und Pfeffer, wahlweise etwas Curry

Für die Garnelen:
1 Knoblauchzehe
1 TL Olivenöl
6 geschälte Garnelen

Zubereitung

Zucchini waschen und kleinschneiden. Zwiebel schälen und kleinschneiden.
In einem Topf Öl erhitzen und die Zwiebeln anbraten. Zucchini dazugeben und mit Brühe ablöschen. Alles ca. 10 Minuten köcheln lassen und von der Kochstelle nehmen. Mit dem Stabmixer zu einer cremigen Suppe pürieren und diese mit den Gewürzen, Salz und Pfeffer abschmecken.
Knoblauch klein hacken und mit dem Öl leicht anbraten. Dann die Garnelen dazugeben und alles gar ziehen lassen. Suppe in einen Teller füllen und die Garnelen mit Sud dazugeben. Als Topping kommt der Hüttenkäse obendrauf.

Kürbissuppe

Nährwert pro Portion: Energie 221 kcal
Fett 1,7 g I KH 39,2 g I Eiweiß 8,7 g I Ballaststoffe 10,0 g

Für 2 Personen:

300 g	Kürbis
1	Zwiebel
2	Knoblauchzehen
3	Karotten
300 g	Kartoffeln
1	Stange Lauch
500 ml	Gemüsebrühe aus gekörnter Brühe
300 ml	Kokosmilch
1 EL	Curry
½ TL	Chilipaste
3 EL	Sesamöl

Ingwer, ca. 3-4 cm
Salz und Pfeffer

Zubereitung

Kürbis je nach Sorte waschen oder schälen und entkernen. Dann in mundgerechte Stücke schneiden. Zwiebel und Knoblauch schälen und fein würfeln. Karotten und Kartoffeln schälen und in kleine Würfel schneiden. Lauch in Ringe schneiden. Ingwer sehr fein würfeln. Öl in einem hohen Topf erhitzen. Zwiebel, Kartoffeln und Karotten scharf anbraten. Knoblauch, Kürbis, Lauch und Ingwer dazugeben und mit anbraten. Mit der Gemüsebrühe und der Kokosmilch ablöschen. Aufkochen und so lange köcheln, bis der Kürbis und die Kartoffeln gar sind. Mit Salz, Pfeffer, Curry und Chilipaste pikant abschmecken und nochmals kurz aufkochen. Topf von der Herdstelle nehmen und mit einem Pürierstab alles zu einer Suppe pürieren.

Spinat Erbsen Suppe

Nährwert pro Portion: Energie 225 kcal
Fett 14,2 g I KH 19,1 g I Eiweiß 11,9 g I Ballaststoffe 8,4 g

Für 4 Personen:

400 g	Spinat TK
400 g	Erbsen TK
800 ml	Gemüsebrühe
1	große Zwiebel
20 g	Butter
2 EL	Mehl oder Johannisbrotkernmehl
200 ml	Sahne fettarm
2 EL	Sesam
2 EL	gehackte Petersilie

Muskatnuss, Salz und Pfeffer

Zubereitung

Spinat und Erbsen auftauen lassen. Zwiebel fein würfeln. Butter in einem Topf schmelzen. Mehl langsam unter stetigem Rühren anschwitzen. Gemüsebrühe nach und nach dazugeben und kräftig rühren. Erbsen, Spinat und Zwiebeln in den Topf geben. Mit Salz, Pfeffer und Muskat abschmecken und 10 Minuten bei mittlerer Hitze köcheln lassen. Vom Herd nehmen und Sahne unterrühren. Suppe mit dem Pürierstab cremig mixen. Sesam anrösten. Vorsicht, der Sesam fängt in der Pfanne an zu hüpfen, wenn er zu heiß wird.
Suppe mit Sesam und Petersilie toppen.

„Als Hauptmahlzeit schmeckt die Suppe z. B. mit Garnelen. Eine vegetarische Variante ergeben Käse, Tofu oder Lupinenfilet."

Kichererbsen Joghurt Suppe

Nährwert pro Portion: Energie 261 kcal
Fett 10,7 g I KH 23,7 g I Eiweiß 15,7 g I Ballaststoffe 5,5 g

Für 2 Personen:

2	große Zwiebeln
2	kleine Zucchini
2	Knoblauchzehen
1 TL	gemahlener Kumin
1 EL	Olivenöl
600 ml	klare Hühnerbrühe
½ TL	Kurkuma
150 g	Kichererbsen (Dose)
200 g	Naturjoghurt (1,5 % Fett)
1	Ei
5	Minzstängel

Saft von 1 Zitrone
Salz und Pfeffer

Zubereitung

Zwiebeln und Knoblauch fein hacken. Zucchini waschen, putzen, längs halbieren und in Scheiben schneiden. Olivenöl erhitzen und Zwiebeln sowie Knoblauch darin anbraten. Kumin, Pfeffer und Kurkuma dazugeben und salzen. Mit der Hühnerbrühe auffüllen.

Abgetropfte Kichererbsen und Zucchini zugeben. Suppe aufkochen und bei kleiner Hitze 10 Minuten zugedeckt garen.

Zitrone auspressen und den Saft mit dem Joghurt und dem Ei verrühren. Die Suppe von der Kochstelle nehmen und mit einem Pürierstab pürieren. Die Joghurtmischung langsam unterrühren. Falls nötig, nachwürzen, mit reichlich Minzblättern bestreuen und anrichten.

Blumenkohlcremesuppe

Nährwert pro Portion: Energie 129 kcal
Fett 7,9 g I KH 8,6 g I Eiweiß 5,8 g I Ballaststoffe 3,8 g

Für 4 Personen:

500 g	Blumenkohl
1 Liter	Gemüsebrühe
300 ml	fettarme Sahne 20 %
2 TL	Mehl oder Johannisbrotkernmehl

Salz, Pfeffer und Muskatnuss
Zitronensaft

Zubereitung

Blumenkohl waschen, zerkleinern und in einem Topf mit der Gemüsebrühe weich kochen. Mit dem Stabmixer pürieren und Sahne dazugeben. Mehl mit etwas kaltem Wasser anrühren. Zum Blumenkohl geben und gut verrühren. Suppe aufkochen und kochen lassen, bis das Mehl die Suppe angedickt hat.
Mit Salz, Pfeffer, Muskat und einigen Spritzern Zitronensaft abschmecken.

„In ein Schraubglas gefüllt, lässt sich die Suppe auch gut mit zur Arbeit nehmen."

Tomatensuppe

Nährwert pro Portion: Energie 88 kcal
Fett 2,5 g I KH 13,1 g I Eiweiß 2,4 g I Ballaststoffe 1,6 g

Für 1 Person:

350 ml Gemüsebrühe
1 Dose geschälte Tomaten
4 EL Kokosmilch
1 EL Crème Fraîche Light
1 TL Honig
1 TL gehacktes Lemongras oder Basilikum
Salz und Pfeffer

Zubereitung

Gemüsebrühe, Tomaten, Kokosmilch mit dem Stabmixer gut pürieren. Mit Salz, Pfeffer und Honig abschmecken. Die Suppe aufkochen und ca. 5 Minuten köcheln lassen. Vor dem Servieren mit dem Lemongras oder Basilikum bestreuen und mit einem Löffel und Crème Fraîche verzieren.

„Den Joghurt nicht in die Suppe einrühren, sondern in die portionierte Suppe geben. Dann die Kräuter drüberstreuen. So angerichtet eignet sich die Suppe auch gut als Vorspeise. Statt mit Basilikum oder Lemongras schmeckt die Suppe auch mit Kräutern der Provence. Die werden dann einfach mitgekocht. Wer mag, gibt noch einen kleinen Schuss Sherry dazu."

Kalte Gurken Joghurtsuppe

Nährwert pro Portion: Energie 182 kcal
Fett 10,5 g | KH 11,1 g | Eiweiß 9,5 g | Ballaststoffe 0,8 g

Für 1 Person:

150 g	Salatgurke
200 g	Joghurt fettarm
1 TL	Weißweinessig
1 TL	Olivenöl
1 TL	gehackte Minze
Salz	

Zubereitung

Gurke schälen, der Länge nach halbieren und Kerne entfernen. Grob zerkleinern und mit Joghurt, Weißweinessig, Olivenöl und der Minze mit dem Stabmixer pürieren. Mit Salz abschmecken. Ca. 2 Stunden im Kühlschrank ziehen lassen.

Wer mag, rundet das Ganze vor dem Servieren noch mit einem Spritzer Zitrone ab oder gibt bei der Zubereitung noch eine halbe kleine Knoblauchzehe dazu. Eine Prise Cayennepfeffer sieht beim Servieren nicht nur lecker aus, sondern gibt nochmal extra Schärfe.
Als Beilage eignen sich Oopsies, *siehe Rezept Seite 227.*

Indische Dal Suppe

Nährwert pro Portion: Energie 457 kcal
Fett 2,7 g I KH 75,3 g I Eiweiß 30,5 g I Ballaststoffe 19,1 g

Für 2 Personen:

200 g Linsen
250 ml Kokosmilch
2 Kartoffeln
2 Karotten
1 große Zwiebel
2 Knoblauchzehen
1 Chili
20 g Ingwer
2 EL Tomatenmark
4 TL Korianderkörner
2 TL gemahlener Kreuzkümmel
2 TL Kurkuma
800 ml Gemüsebrühe
1 EL Kokosfett
Saft einer großen Zitrone
1 Bund Koriander
Salz und Pfeffer

Zubereitung

Chili entkernen, wenn die Suppe nicht so scharf werden soll. Dann in feine Ringe schneiden. Knoblauch und Zwiebel klein hacken. Ingwer schälen und ebenfalls fein hacken. Kokosfett in einem Topf erhitzen. Knoblauch, Zwiebel, Chili und Ingwer hinzufügen.

Kartoffeln und Karotten schälen, in sehr kleine Würfel schneiden und mit in den Topf geben. Kurkuma Kreuzkümmel und die gestoßenen Korianderkörner hinzufügen und umrühren. Tomatenmark hinzugeben und mit Salz und Pfeffer würzen. Mit der Gemüsebrühe ablöschen und alles etwa 10 Minuten köcheln lassen.

Anschließend die Linsen mit der Kokosmilch dazugeben und gut umrühren. Weitere 8-10 Minuten köcheln, bis die Linsen gar sind.

Topf von der Kochstelle nehmen. Zitrone entsaften und den Zitronensaft hinzugeben. Koriander grob hacken und darüber streuen.

In Schälchen servieren.

Bohneneintopf

Nährwert pro Portion: Energie 545 kcal
Fett 15,9 g I KH 55,8 g I Eiweiß 43,1 g I Ballaststoffe 24,2 g

Für 2 Personen:

200 g	geräucherter Tofu
500 g	weiße Bohnen aus dem Glas
500 g	passierte Tomaten
400 g	frische Tomaten
100 g	Staudensellerie
2	rote Zwiebeln
1	Knoblauchzehe
1 EL	Olivenöl

1 Bund Petersilie
Etwas Chili, Salz und Pfeffer

Zubereitung

Zwiebeln und Knoblauch schälen und fein würfeln. Staudensellerie klein schneiden. Frische Tomaten würfeln. Öl in einem Topf erhitzen. Zwiebeln, Knoblauch und Staudensellerie glasig anbraten. Tofu mit der Hand zerbröseln und dazugeben. Kurz mitbraten. Mit den passierten Tomaten ablöschen und jetzt auch die geschnittenen Tomaten dazugeben. Alles 15 Minuten bei geschlossenem Deckel einkochen. Mit Salz, Pfeffer und Chili abschmecken. Die weißen Bohnen dazugeben und nochmals 5 Minuten köcheln lassen. Bei Bedarf nochmals abschmecken. Petersilie grob hacken, zugeben und servieren.

Pasta Basta

Ich habe länger darüber nachgedacht, ob ich der Pasta in diesem Buch ein eigenes Kapitel widmen möchte. Es gibt schließlich auch kein Reis- oder Kartoffelkapitel.

Aber Pasta ist ein sehr beliebtes Gericht. Jeder Zweite liebt Nudeln. Und weil auch ich Pasta sehr gern esse und mit der Ernährungsumstellung super viele Möglichkeiten kennen gelernt habe, der Spaghetti und Co. Konkurrenz zu machen, habe ich mich entschieden, dem ein eigenes Kapitel zu widmen.

Noch bis vor einem Jahr habe ich wirklich nicht gewusst, wie bunt gemischt ein Nudelregal aussehen kann. Auf der Suche nach Alternativen zur normalen Weizennudel stieß ich zunächst auf Dinkel- und Vollkornnudeln, die vielleicht noch jeder kennt. Sie sind bestens zur Aufnahme hochwertiger Kohlenhydrate geeignet, die länger satt machen als die herkömmlichen Weizennudeln.

Dass es aber auch Linsennudeln, Kichererbsennudeln, Erbsennudeln, Glasnudeln, Konjakwurzelnudeln, ja sogar Gemüsenudeln gibt, war mir total neu. Ich machte mich also in den Supermärkten auf die Suche und war entschlossen, alles auszuprobieren. Gerade in meiner Abnehmzeit war ich natürlich sehr darauf bedacht, Kalorien einzusparen. Eine ordentliche Portion Nudeln, von der ich dann auch satt werden sollte, hatte mir und meiner Kalorienbilanz immer übel mitgespielt. Eine kalorienärmere Alternative war also mehr als willkommen.

Ich stolperte über ein Rezept mit Zucchininudeln. Das wollte ich unbedingt nachkochen! Sofort kaufte ich mir einen Spiralschneider und probierte meine ersten Zoodles (Zucchininudeln).

Das war eine so großartige Entdeckung für mich. Natürlich schmecken Zoodles nicht wie Nudeln, auch nicht mit geschlossen Augen und ganz viel Fantasie. Eine Zucchini wird immer nach Zucchini schmecken und nie eine Spaghetti sein. Aber wenn man aufgeschlossen und bereit ist zu experimentieren, sind Gemüsenudeln eine super Möglichkeit, eine handvoll Nudeln ausreichend aufzustocken, die sonst zum satt werden nicht ausreichen würde. Das Volumen der Portion wird deutlich größer und das Auge isst ja bekanntermaßen auch mit.

Gerade wenn ich abends bevorzugt Low Carb essen möchte, kommen Nudeln für mich nicht mehr in Frage. Zudem ist es gerade auch für das Auge sehr abwechslungsreich, wenn es Gemüse auch mal in einer anderen Form präsentiert bekommt. Hier kann man die Psyche ein wenig austricksen, die sehr stark mit darüber entscheidet, ob wir nach einem Essen zufrieden sind oder nicht. So wirkt ein einfaches Zucchinigemüse (auf Seite 191) als Zucchininudeln optisch gleich wie ein Spaghetti-Pesto-Gericht. Ich liebe dieses Gericht, es ist köstlich, schmackhaft und sehr bekömmlich, warum also keine Fake-Spaghetti genießen?

Gemüsespaghetti halten also regelmäßig Einzug in meiner Küche. Ob als Low-Carb-Variante oder als Sättigungsbeilage. Um dir Frustration bei der Herstellung von Gemüsenudeln zu sparen, solltest du dir gleich ein geeignetes Gerät kaufen. Ich selbst habe einiges ausprobieren müssen, bis ich den optimalen Spiralschneider fand, der alles, auch sehr hartes Gemüse wie Süßkartoffeln, Kohlrabi oder Kürbis verarbeitet.

Eine weitere Möglichkeit für eine kalorienarme Nudelbeilage sind Konjakwurzelnudeln. Hierzu muss ich allerdings sagen, dass sie nicht jedermanns Sache und komplett geschmacksneutral sind. Wenn du also mit diesen Nudeln kochst, brauchst du definitiv ein Gericht mit Soße, damit die Nudeln den Geschmack annehmen können. Optisch sehen sie Nudeln zum Verwechseln ähnlich, sind aber nahezu kalorienfrei und haben eine feste Konsistenz, auf der man ordentlich kauen kann. Sei einfach offen und probiere es aus. Was kann schon passieren, außer dass du vielleicht etwas findet, das dir hilft, hier und da ein paar

Kalorien einzusparen.

Linsen- und Erbsennudeln sind mittlerweile ebenfalls sehr häufig auf meinem Speiseplan zu finden. Sie sind nicht wirklich kalorienärmer als herkömmliche Nudeln, aber definitiv qualitativ hochwertiger und sie halten auch länger satt. Sie schmecken lecker und sind auf jeden Fall mal was anderes. Hergestellt werden sie, wie der Name schon sagt, auf Basis von Linsen und Erbsen, was sie zu hochwertigen Lieferanten für pflanzliches Eiweiß machen.

Das Kapitel Pasta Basta ist somit auf jeden Fall ein Versuch wert.

Süßkartoffelnudeln mit Ingwer Kokos Soße

Nährwert pro Portion: Energie 408 kcal
Fett 11,0 g I KH 66,1 g I Eiweiß 14,4 g I Ballaststoffe 15,0 g

Für 2 Personen:

350 g Süßkartoffel
150 g Babyspinat
250 g Kichererbsen aus der Dose
Etwas Kokosöl zum Anbraten

Ingwer-Kokossoße:
150 ml Kokosmilch
100 g reife Avocado
1 kleines Stück geschälter Ingwer daumengroß
Salz, Pfeffer, Chili
Knoblauchpulver
Ein paar Spritzer Zitronensaft
Frische Petersilie oder Koriander, kleingehackt

Zubereitung

Süßkartoffel schälen und mit einem geeigneten Spiralschneider zu Nudeln schneiden. In einer großen Pfanne das Öl erhitzen und die Nudeln darin bei mittlerer Hitze ein paar Minuten lang anbraten. Den Spinat dazugeben und solange braten, bis er zerfallen ist. Dabei immer mal wieder umrühren. Zum Schluss die Kichererbsen dazugeben, kurz anbraten und alles mit etwas Salz und Pfeffer abschmecken.
Für die Soße die Avocado mit 150 ml Kokosmilch und dem Ingwer im Mixer pürieren. Die Soße in einen kleinen Topf geben und bei niedriger Temperatur erwärmen,nicht aufkochen. Falls die Soße zu dickflüssig ist, die restliche Kokosmilch dazugeben. Mit Salz, Pfeffer, Knoblauchpulver, Chili und Zitronensaft abschmecken.
Die Soße zu den Süßkartoffelnudeln in die Pfanne geben und kurz umrühren. Mit frischer Petersilie oder Koriander verfeinern und servieren.

„Wer keine Kokosmilch mag, kann auch dickflüssige, ungesüßte Sojamilch oder Mandelmilch verwenden."

Kürbispesto mit Vollkornzoodles und Gemüse

Nährwert pro Portion: Energie 264 kcal
Fett 13,8 g I KH 21,3 g I Eiweiß 13,4 g I Ballaststoffe 8,7 g

Für 2 Personen:

Für das Pesto:
200 g Hokkaidokürbis
25 g Walnüsse
1 TL Kürbiskernöl oder Olivenöl
3 EL frische gehackte Kräuter
Salz, Pfeffer und Muskatnuss

Für die Zoodles:
100 g Vollkornspaghetti
300 g Zucchini
100 g Champignons
200 g Brokkoli

Zubereitung

Kürbis klein schneiden und in wenig Wasser weichkochen. Das Kochwasser für später auffangen.
Kürbis zusammen mit den Walnüssen und dem Öl in ein hohes Gefäß geben und mit dem Stabmixer gut pürieren.
Nach und nach etwas vom Kochwasser dazugeben, bis alles schön sämig ist. Mit Salz, Pfeffer und Muskat abschmecken und dann die Kräuter einrühren.
Nebenbei die Spaghetti in Salzwasser garen. Aus der Zucchini mit dem Spiralschneider Spaghetti herstellen.
Champignons säubern und klein schneiden. Brokkoli waschen und klein schneiden. In einer Pfanne Champignons und Brokkoli anbraten bis alles gar ist. Die Zucchininudeln 1 Minute vor Ende der Garzeit zu den Spaghetti geben. Abgießen und alles mit dem Pesto mischen und servieren.

> Wenn keine frischen Tomaten zur Hand sind, einfach etwas mehr pürierte Tomaten verwenden.
> Es lohnt sich, gleich eine größere Menge zu kochen und einen Teil einzufrieren.
> In einem gut schließenden Schraubglas lässt sich die Bolognese auch mit zur Arbeit nehmen.

Der Klassiker: Spaghetti Bolognese

Nährwert pro Portion: Energie 381 kcal
Fett 3,8 g I KH 47,8 g I Eiweiß 37,2 g I Ballaststoffe 8,7 g

Für 2 Personen:

Für die Gemüsespaghetti:
100 g Vollkornspaghetti
2 große Zucchini
1 große Karotte

Für die Soße
200 g Puten- oder Rinderhackfleisch
3 Tomaten
300 g pürierte Tomaten
1 mittelgroße Zwiebel
70 g Sellerie
1 Karotte
Salz, Pfeffer, Kräuter der Provence und etwas Stevia oder anderes Süßungsmittel

Zubereitung

Zwiebel schälen und fein würfeln. Sellerie und Karotten schälen und ebenfalls fein würfeln. Zwiebel, Sellerie und Karotte in einer beschichteten Pfanne mit ein paar Tropfen Wasser dünsten. Hackfleisch dazugeben und kräftig anbraten.
Tomaten waschen, Strunk rausschneiden und klein würfeln. Zum Hackfleisch geben und kurz anbraten. Mit den pürierten Tomaten ablöschen. Mit Salz, Pfeffer, Kräutern der Provence und Stevia abschmecken. 2 Stunden leicht köcheln lassen und gegebenenfalls noch etwas Wasser dazugeben. Hin und wieder umrühren.
Die Vollkornspaghetti wie gewohnt in Salzwasser kochen.
Zucchini waschen und trocken tupfen. Von der Karotte und der Zucchini mit einem Spiralschneider Spaghetti machen. 5 Minuten vor Ende der Kochzeit der Vollkornspaghetti die Karottenspaghetti dazugeben und 1 Minute vor Ende der Garzeit die Zucchini.
Das Kochwasser abgießen und mit der Bolognese auf einem Teller anrichten.

Thai Nudelpfanne

Nährwert pro Portion: Energie 396 kcal
Fett 8,0 g I KH 63,8 g I Eiweiß 15,8 g I Ballaststoffe 12,8 g

Für 1 Person:

75 g	Reisnudeln
10 g	getrocknete Shiitake-Pilze
1	kleine Karotte
2	Frühlingszwiebeln
25 g	Sellerie
40 g	Bambussprossen aus dem Glas
1 TL	Öl/Sesamöl
½ TL	Honig
1 TL	Sojasoße

Salz, Pfeffer, Kurkuma und Ingwerpulver

Zubereitung

Die Pilze 15 Minuten in Wasser einweichen. Reisnudeln nach Packungsanleitung in Salzwasser garen. Karotte und Sellerie schälen und sehr fein schneiden oder mit dem Gemüsehobel in feine Streifen hobeln. Frühlingszwiebeln in feine Ringe schneiden. Öl in einer Pfanne erhitzen. Pilze, Karotten, Sellerie und Bambussprossen darin dünsten. Das noch leicht bissfeste Gemüse mit Sojasoße, Salz, Pfeffer, Honig, einer guten Messerspitze Kurkuma und einer guten Messerspitze Ingwerpulver abschmecken. Die abgetropften Nudeln unterheben und das Ganze dann nochmal kurz erhitzen. Nach dem Anrichten mit Frühlingszwiebeln bestreuen.

„Wer lieber Reis mag, serviert das Gemüse zu Reis
Die Zugabe einiger Chiliringe ergibt eine etwas feurigere Variante.
Wer mit dem Gemüse noch etwas gewürfeltes Hähnchenfleisch brät, erhöht auf diese Weise den Eiweißgehalt des Gerichts.
Feinschmecker streuen vor dem Servieren noch einen Teelöffel gehackte Cashews oder Erdnüsse über das angerichtete Essen."

Zoodels mit Avocadopesto und Hähnchen

Nährwert pro Portion: Energie 432 kcal
Fett 20,3 g I KH 15,7 g I Eiweiß 45,8 g I Ballaststoffe 10,0 g

Für 1 Person:

150 g Hähnchenbrust

Für die Zoodles:
1 große Zucchini
3 Tomaten

Für das Pesto:
½ Avocado
1 EL Olivenöl
10 g geröstete Pinienkerne
1 Handvoll Basilikumblätter
Saft einer halben Zitrone
Salz, Pfeffer und etwas Chili

Zubereitung

Die Zutaten für das Pesto in ein hohes Gefäß geben und mit dem Stabmixer pürieren. Mit Salz, Pfeffer und Chili abschmecken. Zucchini mit dem Spiralschneider zu Spaghetti verarbeiten, mit Salz bestreuen und nach 10 Minuten das Wasser mit der Hand aus den Zucchini drücken. In einer Pfanne zusammen mit den kleingeschnittenen Tomaten anbraten. Anschließend mit dem Pesto vermengen. Hähnchenbrust in einer extra Pfanne braten, mit Salz und Pfeffer würzen und dazu reichen.

Süßkartoffelspaghetti mit Wolfsbarsch

Nährwert pro Portion: Energie 602 kcal
Fett 25,3 g I KH 60,3 g I Eiweiß 31,8 g I Ballaststoffe 7,8 g

Für 2 Personen:

500 g	Süßkartoffeln
300 g	Wolfsbarschfilets (2 Stück)
1	Zitrone
1½ EL	Olivenöl
40 g	Butter
10	frische Salbeiblätter

Salz und Pfeffer

Zubereitung

Backofen auf 200 Grad vorheizen. Die Süßkartoffeln schälen und mit einem Spiralschneider zu Spaghetti verarbeiten. Alternativ mit einem Sparschäler etwas breitere Streifen herunter schälen. Spaghetti in eine Schüssel mit Olivenöl geben und kurz verrühren, damit sie mit dem Öl benetzt sind.

Süßkartoffelnudeln auf einem mit Backpapier ausgelegten Backblech verteilen, mit Salz und Pfeffer würzen und 10 Minuten im Ofen backen. In der Zwischenzeit die Butter in einem Topf zerlassen. Salbeiblätter hinzugeben und ständig rühren. Wenn Butter und Blätter sich leicht bräunlich färben, vom Herd nehmen. Zum Schluss die Wolfsbarschfilets in einer beschichteten Pfanne goldbraun anbraten. Mit etwas Salz, Pfeffer und dem Saft der ausgedrückten Zitrone abschmecken. Die Süßkartoffelspaghetti aus dem Ofen holen, durch die Salbeibutter schwenken und zusammen mit dem Fisch servieren.

Süße Naschereien und Smoothies

Jaja, die lieben Naschereien. Wer kennt sie nicht, die Lust nach feinen Leckereien? Für den einen ist es eher die herzhafte Variante, für den anderen die süße Sünde. Für mich waren es schon immer beide – was es nicht besser macht!

Ich liebe Süßes und gerade nach einem schönen Essen spult mein Kopf schon ganz automatisch die Möglichkeiten für einen Nachtisch ab. Das war damals schon so und es ist dabei geblieben. Geändert hat sich, dass ich der Lust nun nicht mehr immer nachgehe und akzeptiert habe, dass es nicht immer einen Nachtisch oder ein Stück Torte geben muss. Falls aber doch, habe ich super Alternativen gefunden, um einen Nachtisch oder eine Nascherei genießen zu können, ohne Kalorienbomben zu schlemmen.

Prinzipiell spricht aber auch nichts dagegen, mal ein Schokotörtchen oder eine Panna Cotta zu vernaschen. Das sind unfassbar leckere Dinge, die wir aber mit Bedacht und dem richtigen Maß genießen sollten. Früher aß ich so etwas tagtäglich und nicht nur hin und wieder. Das will ich nicht mehr.

Das „Problem“ mit dem Nachtisch kommt daher, dass es eine antrainierte Verhaltensgewohnheit ist. Wir sagen oft, ich brauch jetzt was Süßes, dabei ist es der Kopf, der sagt, ich brauch das jetzt, weil er es so kennt. Solche Gewohnheiten schleichen sich sehr schnell ein und sind nur schwer wieder rauszukriegen, weil wir so gerne daran festhalten.

In der Anfangszeit meiner Gewichtsabnahme verbrachten wir zwei Monate in einem andalusischen Camp. Dort hatte ich keinerlei Zugriff auf Süßes oder Naschereien. Am Anfang dachte ich, dass ich niemals ohne Schokolade, Eis, Kuchen und Co. überleben würde, jedenfalls nicht, ohne durchzudrehen.

Doch, unglaublich, aber wahr, die Geschmacksnerven verändern sich mit der Zeit. Wenn du lang genug durchhältst und da spreche ich schon von mindestens zehn bis zwölf Wochen, verlangt dein Körper irgendwann nicht mehr danach. So lange braucht das Gehirn etwa, bis es, bildlich ausgedrückt, das Verlangen nach Süßem von der Festplatte gelöscht hat.

Das Erlebnis, wenn du dann wieder was Süßes zwischen die Zähne bekommst, ist einfach so unfassbar krass!
Du wirst dich nicht entscheiden können, zwischen „wie abartig geil ist das denn“ und „bähhh viel zu süß, ich nehme lieber den Apfel“.

Was ich damit sagen will ist, dass es sich lohnt, den eigenen Süßigkeitenkonsum zu überdenken. Zucker ist in unserer heutigen Zeit einfach in allem versteckt und zu einer wirklichen Droge geworden. Es muss nicht bedeuten, dass wir alles weglassen müssen, wenn wir uns entscheiden, gesund zu essen. Aber ein Stück Obst eignet sich ebenfalls super als Nascherei oder Nachtisch. Trockenfrüchte wie Datteln oder Feigen können ein Bonbon sein, weil sie mindestens genau so süß sind.

Mein Bananenbrot ohne extra Zucker

Nährwert pro Portion: Energie 127 kcal
Fett 4,2 g I KH 51,6 g I Eiweiß 5,0 g I Ballaststoffe 2,5 g

Für 12 Stück:

300 g	sehr reife Bananen
100 g	Weizenvollkornmehl
100 g	Dinkelmehl
2	Eier
2	Äpfel
1 Pck	Backpulver
25 g	gehackte Walnüsse
25 g	gehackte Mandeln
1 TL	Zimt

Zubereitung

Backofen auf 180 Grad vorheizen. Die Äpfel schälen, entkernen und feinreiben. Bananen in einer Schüssel gut zerdrücken und zusammen mit den geriebenen Äpfeln und den Eiern schaumig schlagen. Nun Mehl, Backpulver und Zimt dazugeben und einen geschmeidigen Teig herstellen. Zum Schluss die Nüsse unterheben. Eine Kastenform mit Backpapier auslegen und den Teig einfüllen. Ca. 45 Minuten backen.
Wichtig! Das Brot vor dem Anschneiden gut auskühlen lassen. Das Brot bleibt innen sehr saftig. Wenn es nicht richtig auskühlt, fällt es zu stark zusammen.

Kürbis Apfel Muffin

Nährwert pro Portion: Energie 197 kcal
Fett 15,2 g I KH 18,5 g I Eiweiß 6,1 g I Ballaststoffe 1,7 g

Für 8 Stück:

2	Eier
200 g	Kürbis
1	Apfel
20 g	Kokosblütenzucker
50 ml	Rapsöl
20 g	Speisestärke
100 g	gemahlene Mandeln
1 ½ TL	Backpulver
½ TL	gemahlene Vanille
1 Msp	Kurkuma
½ TL	Zimt
1 Prise	Salz

Zubereitung

Die Eier trennen. Das Eiweiß mit einer Prise Salz steifschlagen. Kürbis und Apfel schälen und fein reiben. Das Eigelb zusammen mit dem Kokosblütenzucker schaumig rühren. Nach und nach Rapsöl, Speisestärke, gemahlene Mandeln, Backpulver sowie Kurkuma, Zimt und Vanille einrühren. Dann den geriebenen Apfel und den Kürbis dazugeben. Zum Schluss das Eiweiß vorsichtig unterheben.

Muffinblech mit Muffinförmchen bestücken und Teig in die Förmchen füllen. Bei 160 Grad 20-25 Minuten backen.

Bananen Muffins

Nährwert pro Portion: Energie 167 kcal
Fett 6,1 g I KH 22,7 g I Eiweiß 5,1 g I Ballaststoffe 3,4 g

Für 2 Personen:

300 g	Dinkelmehl
3	Eier
30 ml	Kokosöl
3	sehr reife Bananen
175 g	entsteinte Datteln
50 g	gehackte Walnüsse
150 g	geraspelte Möhren
2 TL	Backpulver
1 TL	Salz
1 EL	Apfelessig
½ TL	Zimt

Zubereitung

Backofen auf 175 Grad vorheizen. Mehl, Salz, Zimt, Möhren, Walnüsse und Backpulver in einer großen Schüssel gut miteinander vermischen. Datteln sehr klein schneiden und mit den Bananen, Kokosöl, Apfelessig und Eiern in der Küchenmaschine mixen. Den Brei zur Mehlmischung geben und mit dem Handrührgerät verrühren. Muffinblech mit Muffinförmchen bestücken. Teig gleichmäßig auf die Förmchen verteilen und 25 Minuten auf mittlerer Schiene ausbacken.

Buttermilch Quark Waffeln

Nährwert pro Portion: Energie 144 kcal
Fett 4,1 g I KH 20,1 g I Eiweiß 6,3 g I Ballaststoffe 1,7 g

Für 12 Stück:

250 g	Dinkelmehl oder Roggenmehl
75 g	brauner Zucker
20 g	weiche Butter
3	Eier
100 g	Magerquark
100 ml	Buttermilch
1 EL	Backpulver
1 Pck	Vanillezucker

Zubereitung

Butter, Zucker und Ei schaumig schlagen. Buttermilch und Quark dazugeben. Dabei immer kräftig weiter schlagen. Nach und nach die restlichen Zutaten zugeben, bis der Waffelteig schöne Luftblasen schlägt. Waffeln im vorgeheizten Waffeleisen ausbacken.

"Ich esse gern mein selbstgemachtes Apfelkompott dazu."

Kokoscrêpe mit Erdbeeren

Nährwert pro Portion: Energie 290 kcal
Fett 17,1 g I KH 10,4 g I Eiweiß 23,0 g I Ballaststoffe 4,3 g

Für 1 Person:

1	Ei
3 EL	Kokosmilch
1 EL	Kokosmehl oder Dinkelmehl
1 TL	Stärke
50 g	Erdbeeren
100 g	fettarmer körniger Frischkäse
1 TL	Honig
1 TL	Kokosfett

1 Prise Salz
Mark einer halben Vanilleschote oder Vanille aus der Mühle

Zubereitung

Für den Crêpeteig das Ei mit Kokosmilch, Mehl, Stärke und Salz verquirlen. Kurz ruhen lassen.
Die Erdbeeren waschen, putzen und je nach Größe halbieren oder vierteln. Den körnigen-Frischkäse mit dem Honig und der Vanille verrühren.
Kokosfett in einer beschichteten Pfanne erhitzen. Den Teig nochmals durchrühren, in die Pfanne gießen und durch Schwenken der Pfanne dünn verteilen. Crêpe bei mittlerer Hitze goldgelb braten.
Crêpe auf einen Teller geben. Eine Hälfte mit dem körnigen Frischkäse bestreichen und mit Erdbeeren bestreuen, dann zusammenrollen.

Eiweiß Mohn Quark

Nährwert pro Portion: Energie 333 kcal
Fett 9,2 g I KH 11,5 g I Eiweiß 49,0 g I Ballaststoffe 3,9 g

Für 1 Person:

250 g Magerquark
1 EL Mineralwasser
2 Eiweiß
20 g Mohn
Süße nach Wahl

Zubereitung

Magerquark und Mineralwasser mit dem Schneebesen gut aufschlagen. Mohn und Süße dazugeben. Das Eiweiß steif schlagen und unter den Quark rühren.

„Ich gebe immer gern ein paar Früchte dazu. Vor allem Beeren schmecken sehr lecker mit dem Mohnquark.“

Chiapudding

Nährwert pro Portion: Energie 362 kcal
Fett 19,5 g I KH 20,2 g I Eiweiß 10,8 g I Ballaststoffe 12,7 g

Für 2 Personen:

200 ml	Mandelmilch
4 EL	Chiasamen
2 EL	Mandelmus
2 EL	Agavendicksaft oder ein anderes Süßungsmittel
2 EL	Kakaopulver
100 g	Himbeeren

Zubereitung

Mandelmilch und Chiasamen in einem hohen Gefäß gut verrühren. Die Samen min. 20 Minuten, am besten aber über Nacht quellen lassen. Dann das Mandelmus, den Agavendicksaft und das Kakaopulver hinzugeben und alles gut mit einem Stabmixer pürieren, bis die Masse luftig geworden ist. In ein Glas füllen und mit den Himbeeren anrichten.

Erdbeereis

Nährwert pro Portion: Energie 97 kcal
Fett 6,5 g I KH 6,2 g I Eiweiß 2,6 g I Ballaststoffe 1,5 g

Für 4 Personen:

300 g gefrorene Erdbeeren
250 g Saure Sahne 10 %, gut gekühlt
1 TL Stevia flüssig
Zur Garnierung frische Erdbeeren und Minzblätter

Zubereitung

Alle Zutaten in ein hohes Gefäss geben und mit dem Stabmixer pürieren, bis ein cremiges Eis entsteht. Wichtig! Das Eis kann nicht vorbereitet und später serviert werden. Es würde steinhart werden.

"Gefrorene Himbeeren oder Waldbeeren eignen sich ebenso für ein Blitzeis."

Apfelkompott auf Vorrat

Nährwert pro Portion: Energie 171 kcal
Fett 1,0 g I KH 38,5 g I Eiweiß 0,8 g I Ballaststoffe 5,2 g

Für 4 Personen:

1 kg Äpfel
2 EL Zitronensaft
300 ml Wasser
3 EL Agavendicksaft
Zimt nach Belieben

Zubereitung

Äpfel waschen, schälen und entkernen. Wasser und Zitronensaft in einen großen Topf füllen. Äpfel nach Belieben in Würfel oder Scheiben schneiden und direkt in das Zitronenwasser geben. So werden die Äpfel nicht braun.
Wasser mit den Äpfeln zum Kochen bringen. Bei geringer Hitze in 15 bis 20 Minuten gar kochen. Mit dem Agavendicksaft abschmecken.
In Dessertschalen portionieren und mit Zimt bestreut servieren.

„Schmeckt auch sehr gut, wenn kurz vor Ende der Garzeit eine gute handvoll Rosinen dazugegeben wird."

Apfelquark

Nährwert pro Portion: Energie 137 kcal
Fett 0,7 g I KH 17,7 g I Eiweiß 13,9 g I Ballaststoffe 2,4 g

Für 1 Person:

120 g Apfelkompott
100 g Magerquark
20 g Mandelsplitter
Etwas Zimt

Zubereitung

Apfelkompott (siehe Rezept) mit Zimt und Magerquark verrühren.
Mandelsplitter in einer heißen Pfanne ohne Fett goldbraun werden lassen.
Mit gerösteten Mandelsplittern bestreuen.

Beerenquark

Nährwert pro Portion: Energie 123 kcal
Fett 0,8 g I KH 12,3 g I Eiweiß 14,7 g I Ballaststoffe 3,0 g

Für 1 Person:

150 g	Beeren nach Wahl
100 g	Magerquark
15 g	Kokosraspel
1 EL	Mineralwasser mit Kohlensäure

Zubereitung

Beeren waschen und trocken tupfen. Die Beeren gegebenenfalls in kleine Würfel schneiden. Magerquark mit dem Mineralwasser am besten mit einem Schneebesen, in einer großen Schüssel, zu einer cremigen Masse aufschlagen. Kokosraspel mit dem Quark und den Beeren mischen.

Hafer Früchte Kekse

Nährwert pro Portion: Energie 90 kcal
Fett 4,5 g I KH 2,2 g I Eiweiß 1,7 g I Ballaststoffe 4,2 g

Für 15 Stück:

1	große Banane (sehr reif)
5	getrocknete Datteln
1 EL	getrocknete Cranberries
1 EL	Kürbiskerne
1 TL	Kokosflocken
150 g	Haferflocken
100 g	gemahlene Mandeln
1 Msp	gemahlene Vanille und Zimt zum Verfeinern

Zubereitung

Datteln und Cranberries 10 Minuten in heißem Wasser einweichen. Dann abgießen und zusammen mit der Banane in einer Küchenmaschine solange zerkleinern, bis eine homogene Masse entsteht. Wenn noch kleine Stücke drin sind, ist das nicht schlimm.

Masse in eine Schüssel geben und die restlichen Zutaten dazugeben. Schön kneten bis ein fester, aber feuchter Teig entsteht. Wenn der Teig noch an den Händen kleben bleibt, etwas mehr Haferflocken dazugeben.

Den Backofen auf 180 Grad Umluft vorheizen. Dann aus dem Teig kleine Bällchen formen, auf ein mit Backpapier ausgelegtes Backblech geben und plattdrücken.

Ab in den Ofen für 8-10 Minuten. Die Backzeit variiert etwas, je nach Größe der Plätzchen und ob sie feuchter oder trockener werden sollen.

Müslipralinen

Nährwert pro Portion: Energie 65 kcal
Fett 1,8 g I KH 10,7 g I Eiweiß 1,4 g I Ballaststoffe 1,3 g

Für 30 Stück:

200 g Datteln
100 g Honig
1 EL Chiasamen
1 EL Leinsamen
1 Prise Salz
150 g Haferflocken
70 g Pistazienkerne
70 g Cranberries
Optional Kokosraspeln und gepuffter Amaranth

Zubereitung

Datteln, Honig, Chiasamen, Leinsamen und die Hälfte der Haferflocken in einen Mixer geben und alles zu einer sehr klebrigen Masse verarbeiten. Die Pistatienkerne zerkleinern und dazugeben. Die restlichen Zutaten unterrühren, kurz kaltstellen, damit die Masse zu Pralinen formbar wird. Wer Kokos oder Amaranth mag wälzt die Kugeln noch darin.
Pralinen luftdicht verpackt aufbewahren.

„Vorsicht. Bei der Aufbewahrung darauf achten, dass sich die Pralinen nicht berühren. Sie sind sehr klebrig. Im Fachhandel gibt es Papierförmchen zum Schutz der Pralinen“

Energieriegel

Nährwert pro Portion: Energie 135 kcal
Fett 7,2 g I KH 15,6 g I Eiweiß 2,7 g I Ballaststoffe 9,8 g

Für 8 Stück:

25 g	getrocknete Datteln
25 g	getrocknete Aprikosen
25 g	Paranüsse
75 g	kernige Haferflocken
25 g	gemahlene Mandeln
25 g	Butter
2 EL	brauner Zucker
0,5 EL	Ahornsirup
25 ml	Milch

Zubereitung

Trockenfrüchte fein hacken, Paranüsse etwas gröber. Beides mit den Haferflocken und den gemahlenen Mandeln mischen. Butter schmelzen, Zucker und Sirup gleichmäßig unterrühren, bis der Zucker vollständig gelöst ist. Etwas köcheln lassen, so dass der Zucker leicht karamellisiert.

Nach und nach die Milch unterrühren. Kurz weiter erhitzen.

Die Karamellmischung gleichmäßig unter die Flockenmischung arbeiten. Auf ein mit Backpapier ausgelegtes Blech streichen. Die Masse reicht ungefähr für eine Fläche von 20 mal 20 Zentimetern. Wer ein ganzes Blech backen möchte, sollte die Mengen verdoppeln.

Bei 160 Grad 20 Minuten backen. Noch warm in etwa 8 Riegel schneiden, auskühlen lassen und luftdicht verpacken. Die Riegel halten zwei bis drei Wochen.

Smoothies

Bananen Avocado Smoothie

Nährwert pro Portion: Energie 320 kcal
Fett 12,9 g I KH 39,0 g I Eiweiß 9,9 g I Ballaststoffe 5,5 g

Für 1 Person:

100 g	reife Avocado
1	sehr reife Banane, tiefgefroren
100 ml	Ananassaft
170 g	griechischer Joghurt
	Agavendicksaft
	Vanille

Zubereitung

Avocado schälen und entkernen. Banane schälen und grob klein schneiden.
Avocado mit Banane, Ananassaft und Joghurt in einem hohen Gefäß mit dem Pürierstab pürieren. Nach Belieben mit Agavendicksaft und Vanille abschmecken.

Apfel Smoothie mit Zimt

Nährwert pro Portion: Energie 196 kcal
Fett 8,1 g I KH 19,2 g I Eiweiß 10,9 g I Ballaststoffe 2,5 g

Für 1 Person:

1	großer Apfel
150 ml	Milch
150 g	fettarmer Joghurt
5	Mandeln
1 TL	Honig
1 Prise	Zimt

Zubereitung

Apfel waschen, trocken tupfen, schälen, entkernen und grob zerkleinern.
Apfel mit den restlichen Zutaten in ein hohes Gefäß geben und mit dem Pürierstab fein pürieren.

Orangen Bananen Smoothie mit Chiasamen

Nährwert pro Portion: Energie 117 kcal
Fett 1,9 g | KH 20,6 g | Eiweiß 3,1 g | Ballaststoffe 4,9 g

Für 1 Person:

1	Banane
1	Orange
1	Handvoll frischer Spinat
1 TL	Chiasamen
2 EL	lauwarmes Wasser

Zubereitung

Chiasamen für ca. 20 Minuten im warmen Wasser quellen lassen. Banane schälen und grob klein schneiden.

Orange schälen und in Viertel zerteilen.

Spinat waschen und gut abtropfen lassen.

Banane, Orange und Spinat in einem hohen Gefäß mit dem Pürierstab pürieren.

Gequollene Chiasamen unterrühren.

Rote Bete Avocado Smoothie

Nährwert pro Portion: Energie 242 kcal
Fett 12,8 g I KH 25,9 g I Eiweiß 5,1 g I Ballaststoffe 10,4 g

Für 1 Person:

2 kleine Rote Bete, frisch
100 g Avocado
2 Blutorangen
250 ml Wasser
Agavendicksaft
Zitronensaft

Zubereitung

Rote Bete schälen und grob zerkleinern. Achtung: Hierfür unbedingt Einmalhandschuhe tragen. Blutorangen schälen und vierteln. Avocado schälen und zerkleinern. Rote Bete, Blutorangen, Avocado und Wasser in ein hohes Gefäß geben und mit dem Pürierstab fein pürieren. Mit Agavendicksaft und einigen Spritzern Zitronensaft abschmecken.

Heidelbeer Bananen Smoothie

Nährwert pro Portion: Energie 274 kcal
Fett 3,9 g I KH 46,1 g I Eiweiß 9,8 g I Ballaststoffe 4,4 g

Für 2 Personen:

1	Banane
50 g	gefrorene Heidelbeeren
200 ml	gekühlte Milch
200 ml	Orangensaft
	Zitronensaft
	Agavendicksaft

Zubereitung

Banane schälen und grob zerkleinern. Mit gefrorenen Heidelbeeren, Milch und Orangensaft in einem hohen Gefäß mit dem Pürierstab fein pürieren. Zitronensaft und Agavendicksaft nach Belieben dazu geben.

„Wer mag, nimmt eine ebenfalls gefrorene Banane. So wird es im Sommer nicht nur eine leckere Zwischenmahlzeit, sondern auch eine gesunde Alternative zum Eis."

Grünkohl Birnen Smoothie

Nährwert pro Portion: Energie 140 kcal
Fett 1,3 g I KH 28,4 g I Eiweiß 2,6 g I Ballaststoffe 5,2 g

Für 1 Person:

4	Grünkohlblätter
1	Birne, sehr reif
2	Kiwis
1	große Banane
150ml	Kokoswasser

Zubereitung

Grünkohlblätter waschen und gut abtropfen lassen. Birne waschen, trocken tupfen, entkernen und grob zerteilen. Kiwis schälen und grob zerteilen.

Banane ebenfalls schälen und in grobe Stücke schneiden.

Grünkohl, Birne, Kiwis und Banane mit dem Kokoswasser in ein hohes Gefäß geben und mit dem Pürierstab sehr fein pürieren.

Snacks, Dips und Aufstriche

Ich bin definitiv eine große Befürworterin von drei Hauptmahlzeiten zum Sattessen. So muss ich nicht ständig snacken, weil ich alle zwei, drei Stunden wieder Hunger bekomme. Ich verzichte daher weitestgehend auf Snacks. Manchmal ist der kleine Hunger aber doch da und dann ist es sinnvoller, in diesem Moment eine Kleinigkeit zu essen, bevor es zu einer Heißhungerattacke kommen kann.
Auch Snacks können kleine Leckereien mit großem Geschmack sein.

Egal ob du dir für unterwegs etwas vorbereitest und einpackst oder vielleicht alternativ mal was für den gemütlichen Abend vor dem Fernseher machen möchtest: Snacks sind schnell gemacht, lassen sich super vorbereiten, problemlos mitnehmen und können für den kleinen Hunger zwischendurch oder auch gezielt als kleine Energielieferanten eingesetzt werden.

Ich habe hier einige Anregungen zusammengeschrieben, die dir vielleicht eine gute Alternative zu den üblichen Snacks sein können. Manchmal muss man das Rad aber nicht neu erfinden und die Snack-Klassiker, Banane oder eine handvoll Nüsse bleiben schnelle Energielieferanten. Eine Scheibe Vollkornbrot mit einem meiner leckeren Aufstriche ist mir als Snack immer willkommen.

Rohkoststicks mit Kräuterquark

Nährwert pro Portion: Energie 108 kcal
Fett 0,5 g I KH 7,8 g I Eiweiß 16,9 g I Ballaststoffe 1,6 g

Für 1 Person:

100 g Magerquark
50 g Joghurt
½ Knoblauchzehe
3 EL gehackte Kräuter nach Wahl (z. B. Petersilie, Schnittlauch, Kerbel, Dill, Basilikum)
Salz und Pfeffer

Zubereitung

Gemüse waschen und in Streifen schneiden. Geeignete Rohkoststicks können sein: Karotten, Gurken, Paprika, Staudensellerie, Kohlrabi.

Für den Kräuterquark:
Alle Zutaten außer den Kräutern mit dem Stabmixer cremig mixen. Zum Schluss die Kräuter dazugeben, mit Salz und Pfeffer abschmecken und alles gut verrühren.

Rote Bete Chips

Nährwert pro Portion: Energie 138 kcal
Fett 4,2 g | KH 22,7 g | Eiweiß 3,8 g | Ballaststoffe 3,6 g

Für 1 Person:

1	große Rote Bete, frisch
1 EL	Olivenöl

Salz, Paprika edelsüß und Chili
Eine Prise Zucker

Zubereitung

Backofen auf 160 Grad vorheizen. Ein Backblech mit Backpapier auslegen. Die Rote Bete schälen und in ca. 2 mm dicke Scheiben schneiden. Achtung, unbedingt Einmalhandschuhe tragen. Die Scheiben in eine Plastiktüte geben und zusammen mit dem Olivenöl gut durchschütteln. Alles auf dem Backblech verteilen und nach Belieben würzen. 40 bis 60 Minuten knusprig backen.

„Die Chips sind auch eine tolle Beilage zum Steak oder auch auf einem leckeren Sandwich."

Feta Crostini mit Zucchini

Nährwert pro Portion: Energie 413 kcal
Fett 20,8 g I KH 30,4 g I Eiweiß 25,5 g I Ballaststoffe 8,0 g

Für 2 Personen:

2 kleine Zucchini
2 Limetten
2 Vollkornbrötchen
5 EL Olivenöl
1 Knoblauchzehe
100 g Erbsen
150 g Feta
1 Handvoll fein gehackte Minze
Frisch gemahlener Pfeffer, Salz

Zubereitung

Zucchini waschen und in sehr dünne Scheiben schneiden. Die Limetten waschen und etwas Schale von einer Limette abraspeln. Danach den Saft auspressen und die Zucchinischeiben 10 Minuten damit marinieren. Einen Schuß Limettensaft übrig lassen.

Vollkornbrötchen in Scheiben schneiden und toasten. Dann sparsam mit Olivenöl bepinseln und mit Knoblauch einreiben. Die Erbsen in gesalzenem Wasser blanchieren. Wasser abgießen, Erbsen in einer Schüssel mit der Gabel zerdrücken. Den Feta dazu geben und mit Limettenschale und etwas Saft zu einem Brei zerdrücken. Mit Salz, Pfeffer und etwas Minze würzen. Fetamasse auf Brötchenscheiben verteilen. Zucchini aus der Marinade nehmen, abtupfen und auf die Brötchenscheiben legen. Restliche Minzblätter drüberstreuen und nochmals mit Pfeffer würzen.

Ofentomate mit Kräuterfüllung

Nährwert pro Portion: Energie 300 kcal
Fett 12,8 g I KH 33,8 g I Eiweiß 11,2 g I Ballaststoffe 1,8 g

Für 1 Person:

2	große Tomaten (am besten Fleischtomaten)
1	Knoblauchzehen
25 ml	Gemüsebrühe (Instant)
1 EL	geriebener Parmesan
2	Scheiben Graubrot
1 TL	Olivenöl
1 EL	Balsamicoessig
	Salz, Pfeffer und Majoran

Zubereitung

Tomaten waschen und einen Deckel abschneiden. Mit einem Teelöffel etwas Fruchtfleisch herausnehmen und die Tomaten in eine feuerfeste Form stellen. Mit Salz und Pfeffer würzen, dann mit etwas Olivenöl und Balsamicoessig beträufeln.

Knoblauch klein hacken und mit Parmesan, dem herausgelöffeltem Tomatenfruchtfleisch und Majoran vermengen.

Fruchtfleischmischung wieder in die Tomaten füllen. Die Brühe angießen und bei 180 Grad 15-20 Minuten im Ofen garen, bis eine schöne Kruste entstanden ist.

Zusammen mit dem Graubrot servieren.

„Nimm statt dem Parmesan 1 EL Frischkäse und Kräuter der Provance. Auch sehr lecker!"

Pizzarolle ohne Mehl

Nährwert pro Portion: Energie 398 kcal
Fett 27,1 g I KH 3,0 g I Eiweiß 35,6 g I Ballaststoffe 0,0 g

Für 1 Person:

60 g Quark
1 Ei
60 g geriebener Käse
Oregano, Thymian, Salz, Pfeffer

Für den Belag zum Beispiel:

- Tomatensoße
- Etwas magerer Schinken
- Frühlingszwiebeln
- Rucola
- Paprika

Zubereitung

Ofen auf 170 Grad Umluft vorheizen. Alle Zutaten für den Teig gut miteinander vermengen. Backblech mit Backpapier belegen. Pizzateigmasse auf das Backpapier geben und glattstreichen. 15 Minuten backen.
Nach 15 Minuten den Teig ein wenig auskühlen lassen und dann mit Tomatensoße bestreichen und nach Belieben belegen.

„Ihr könnt euren Belag so wählen, wie ihr eure Pizza belegen würdet."

Oopsies Brötchen ohne Mehl

Nährwert pro Portion: Energie 86 kcal
Fett 5,5 g I KH 1,4 g I Eiweiß 9,2 g I Ballaststoffe 0,0 g

Für 8 Stück:

5 Eier
200 g Magerquark
1½ TL Backpulver
Salz und Pfeffer
Italienische Kräuter (Thymian, Oregano) nach Belieben

Zubereitung

Backofen auf 150 Grad Umluft vorheizen. Eier trennen. Das Eiweiß steifschlagen. Eigelb mit Quark, Salz, Pfeffer, Backpulver und den Kräutern gut verrühren. Eischnee vorsichtig unterheben.
Auf ein Backblech Backpapier auslegen und mit einem großen Servierlöffel acht brötchengroße Teigkleckse verteilen. Ca. 20 - 30 Minuten im Backofen gold-braun backen.
Die fertigen Oopsies lassen sich nach Lust und Laune belegen.

„Wer es lieber süß mag, kann für den Teig etwas Zucker oder Stevia verwenden. Salz, Pfeffer und Kräuter fallen dann natürlich weg. Nach Belieben kann noch mit etwas Zimt verfeinert werden."

Tzatziki

Nährwert pro Portion: Energie 36 kcal
Fett 0,2 g | KH 4,5 g | Eiweiß 3,3 g | Ballaststoffe 0,6 g

Für 2 Personen:

½	Salatgurke
2	Knoblauchzehen
125 g	fettarmer Joghurt
1 TL	Dill, frisch gehackt

Salz und Pfeffer

Zubereitung

Salatgurke waschen, schälen, grob reiben und in eine Schüssel geben.
Knoblauchzehen schälen und pressen. Mit dem Joghurt und dem Dill zur Salatgurke geben. Alles gut miteinander vermengen und mit Salz und Pfeffer abschmecken.

"Schmeckt zu Fleisch vom Grill, Ofengemüse und Ofenkartoffeln oder pur aufs Brot."

Guacamole

Nährwert pro Portion: Energie 56 kcal
Fett 5,1 g I KH 5,2 g I Eiweiß 0,8 g I Ballaststoffe 2,1 g

Für 4 Personen:

1 reife Avocado
1 kleine Tomate
½ kleine Zwiebel
1 kleine Zehe Knoblauch
1 TL Limettensaft
Chillipulver
Salz und Pfeffer

Zubereitung

Avocado halbieren, entkernen und Fruchtfleisch mit dem Löffel aus der Schale nehmen. Avocado mit Zwiebel und Knoblauch pürieren.
Tomate waschen, halbieren, Strunk entfernen und in kleine Würfel schneiden.
Tomate unter das Avocadopüree mischen. Mit Salz, Pfeffer, Chilipulver und Limettensaft abschmecken.

Hummus

Nährwert pro Portion: Energie 75 kcal
Fett 4,2 g I KH 5,9 g I Eiweiß 3,2 g I Ballaststoffe 1,6 g

Für 4 Personen:

100 g Kircherbsen aus der Dose
2-3 EL Brühe der Kichererbsen
2 kleine Zehen Knoblauch
3 EL Tahin (Sesampaste)
½ Zitrone
1 EL Olivenöl
Kreuzkümmel

Zubereitung

Kichererbsen mit Kichererbsenbrühe, geschälten Knoblauchzehen, Tahinpaste und Olivenöl pürieren. Zitrone auspressen und den Saft dazugeben. Hummus mit Kreuzkümmel abschmecken.

„Wer mag, kann den Hummus noch mit Petersilie verfeinern."

Hummus mit Avocado und Koriander

Nährwert pro Portion: Energie 102 kcal
Fett 7,3 g I KH 6,4 g I Eiweiß 2,9 g I Ballaststoffe 2,2 g

Für 4 Personen:

100 g	Kichererbsen aus der Dose
1	reife Avocado
1 EL	Tahin (Sesampaste)
½ EL	Zitronensaft
1	Knoblauchzehe
½ TL	Kreuzkümmel
1 EL	frischer Koriander

Salz und Cayennepfeffer

Zubereitung

Kichererbsen in einem Sieb abtropfen lassen. Avocado halbieren, entsteinen und mit einem Löffel das Fruchtfleisch aus der Schale lösen.

Kichererbsen, Avocado, Tahin, Zitronensaft und Knoblauch mit dem Stabmixer pürieren. Mit Kreuzkümmel, Salz und Cayennepfeffer abschmecken.

Koriander fein hacken und vor dem Servieren untermischen.

Auberginen Hummus

Nährwert pro Portion: Energie 79 kcal
Fett 3,8 g I KH 6,2 g I Eiweiß 3,6 g I Ballaststoffe 1,7 g

Für 4 Personen:

1	kleine Aubergine
100 g	Kirchererbsen aus der Dose
1	Esslöffel Tahini-Paste
60 ml	Wasser
1 TL	Bio Zitrone
1	Knoblauchzehe
2 EL	gehackte frische Petersilie
1 TL	Olivenöl

Etwas Kreuzkümmel, Salz und Pfeffer

Zubereitung

Backofen auf 220 Grad vorheizen. Aubergine waschen, halbieren und mit der Schnittfläche nach unten auf ein Backblech legen. 40 Minuten im Ofen garen, bis die Haut beginnt, sehr dunkel zu werden. Anschließend auskühlen lassen.

Währenddessen die Kichererbsen abgießen und mit Wasser durchspülen. Knoblauch schälen und mit einer Reibe die Zitronenhaut abraspeln. Anschließend die Zitrone halbieren und entsaften. Petersilie waschen und die Blätter von den Stängeln zupfen.

Sobald die Aubergine ausgekühlt ist, das Fleisch von der Haut trennen, grob zerkleinern und in die Küchenmaschine geben. Kichererbsen, Knoblauch, Zitronensaft und Abrieb, Olivenöl, Kreuzkümmel, Tahini-Paste, Petersilie sowie Wasser hinzufügen und zu einer cremigen Masse pürieren. Mit Salz und Pfeffer abschmecken.

Rote Bete Hummus

Nährwert pro Portion: Energie 92 kcal
Fett 4,2 g I KH 7,8 g I Eiweiß 3,5 g I Ballaststoffe 2,1 g

Für 4 Personen:

1	kleine rote Bete
100 g	Kirchererbsen aus der Dose
1	Bio Zitrone
2 TL	Tahini-Paste
2	Knoblauch-zehen
3 TL	Olivenöl
3 TL	Wasser
1	Zitrone
10	Minzblätter

Salz und Pfeffer

Zubereitung

Backofen auf 230 Grad vorheizen. Enden der Roten Bete wegschneiden, die Knolle in Alufolie einwickeln und ca. 45 Minuten backen. Danach auskühlen lassen.
Kichererbsen abgießen und mit Wasser durchspülen. Knoblauch schälen und grob hacken. Zitrone auspressen und die Schale abreiben, dabei etwas Abrieb der Schale beiseitelegen.
Rote Bete schälen, grob zerkleinern und in die Küchenmaschine geben. Kichererbsen, Knoblauch, Zitronensaft, Zitronenschale, Olivenöl, Tahini-Paste und Wasser hinzufügen und zu einer cremigen Masse pürieren. Mit Salz und Pfeffer abschmecken. Vor dem Servieren die gehackten Minzblätter unter rühren.

Rucola Haselnuss Pesto

Nährwert pro Portion: Energie 141 kcal
Fett 14,6 g I KH 0,8 g I Eiweiß 2,1 g I Ballaststoffe 0,6 g

Für 4 Personen:

100 g	Rucola
15 g	geröstete Haselnüsse
2	getrocknete Tomaten
3 EL	Sonnen-blumenöl
10 g	Parmesan
2 TL	Salz

Zubereitung

Rucola waschen und in kochendem Salzwasser kurz blanchieren. In Eiswasser abschrecken und gut abtropfen lassen. Alle Zutaten in ein hohes Gefäß geben und mit dem Stabmixer pürieren.

"Um die Haselnüsse zu rösten, Backofen auf 100 Grad vorheizen. Haselnüsse auf ein Blech mit Backpapier geben und für 10 Minuten auf mittlerer Schiene rösten. Aufpassen, wenn die Haselnüsse anfangen, schwarz zu werden sofort herausnehmen."

Avocadopesto

Nährwert pro Portion: Energie 413 kcal
Fett 20,3 g I KH 15,7 g I Eiweiß 45,8 g I Ballaststoffe 0,0 g

Für 1 Person:

½ Avocado
10 g geröstete Pinienkerne
1 Handvoll Basilikumblätter
Saft einer halben Zitrone
Salz, Pfeffer
etwas Chili

Zubereitung

Alle Zutaten in ein hohes Gefäß geben und mit dem Stabmixer pürieren. Mit Salz, Pfeffer und Chili abschmecken.

Wenn man keine Ahnung hat und Bärlauch will!

Mit meiner Entscheidung mich bewusster zu ernähren, wurde irgendwann auch der wöchentliche Marktbesuch zum festen Ritual. Ich finde ein Marktbesuch hat etwas total atmosphärisches und ich gehe sehr gerne hin. Nicht immer, um auch wirklich meinen kompletten Wocheneinkauf dort zu erledigen, denn dafür ist es mir manchmal im Vergleich zu Supermärkten einfach zu teuer. Aber allein die Vielfalt an Obst, Gemüse und regionalen Besonderheiten, die ich auf mich wirken lassen kann, machen es zu einem besonderen Erlebnis.
So kam ich irgendwann im Spätsommer auf die Idee, meinen Kräuterbedarf für die Rezepte, die ich in dieser Woche ausprobieren wollte, dort zu besorgen. Die gängigen Kräuter wie Petersilie, Schnittlauch und Basilikum kennt man ja mittlerweile und man bekommt sie auch überall. Aber ich bin auf so viele Rezepte mit Bärlauch gestoßen, dass ich total neugierig wurde, weil ich mit Bärlauch bis dahin noch keine bewussten Berührungen gehabt hatte.
Bis dato hatte ich mir auch keinerlei Gedanken darüber gemacht, dass nicht immer alles zu jeder Jahreszeit wächst und demnach nur saisonal zur Verfügung steht. Ich ging also total selbstsicher an den Kräuterstand auf dem Wiesbadener Wochenmarkt und fragte die Verkäuferin, wo denn der Bärlauch wäre.
Sie lachte kurz auf und erklärte mir, dass ich bei meiner Suche nach frischem Bärlauch wenig Erfolg haben würde, da dieser nur im März, April und Mai wächst. Sie gab mir den Tipp Bärlauch in Form von Pesto am Stand gegenüber zu kaufen.
Dem Rat bin ich gefolgt und war sehr beeindruckt von dem köstlich intensiven Geschmack. Bärlauch ist sehr würzig. Er riecht wie Knoblauch, schmeckt nur nicht so intensiv danach. Das Pesto passte hervorragend als Alternative zum üblichen Basilikumpesto.
Ich habe mir fest vorgenommen selbst Bärlauchpesto herzustellen, sobald der erste frische Bärlauch wächst, und freue mich schon sehr auf den Marktbesuch.

Mein Spezial Bärlauchpesto

Nährwert pro Portion: Energie 117 kcal
Fett 11,3 g I KH 0,9 g I Eiweiß 3,1 g I Ballaststoffe 0,4 g

Für 10 Portionen:

100 g Bärlauch
30 g gehackte Walnüsse
40 g frisch geriebener Parmesan
80 ml Rapsöl
100 g fettarmer Frischkäse
Salz und Pfeffer nach Geschmack

Zubereitung

Walnüsse ohne Fett in der Pfanne leicht anrösten. Bärlauch waschen und gut abtropfen lassen. Alles in ein hohes Gefäß geben und mit dem Stabmixer cremig pürieren.

Meerrettich Rote Bete Aufstrich

Für 4 Personen:

250 g Magerquark
4-8 TL Meerrettich, gerieben
1 mittelgroße Rote Bete, vorgegart und gerieben
Salz und Pfeffer
Kresse zum Garnieren

Zubereitung

Alle Zutaten gut miteinander verrühren und mit Salz und Pfeffer abschmecken.
Mit Kresse garnieren.

"Schmeckt gut zu kräftigen Brotsorten, wie z. B. Schwarzbrot oder Pumpernickel.
Mit einem Spritzer Zitrone bekommt das Ganze noch mehr Frische und Pepp."

Eieraufstrich

Nährwert pro Portion: Energie 73 kcal
Fett 4,3 g I KH 1,7 g I Eiweiß 8,3 g I Ballaststoffe 0,3 g

Für 4 Personen:

2	Eier
100 g	Hüttenkäse
1 EL	Joghurt
1 TL	Senf
2 EL	gehackte Petersilie
1 EL	geschnittener Schnittlauch

Salz, Pfeffer und etwas Paprika edelsüß

Zubereitung

Die Eier hart kochen, abschrecken und schälen. Dann in eine Schüssel geben und mit der Gabel zerdrücken. Die restlichen Zutaten dazugeben und alles zu einem glatten Aufstrich verarbeiten.

„Der Aufstrich ist gut zum Bevorraten. Er hält sich gut 1 Woche im Kühlschrank.“

Brotaufstrich Schokoholic

Nährwert pro Portion: Energie 82 kcal
Fett 6,7 g I KH 1,3 g I Eiweiß 4,2 g I Ballaststoffe 1,0 g

Für 4 Personen:

100 g	Frischkäse light
2 EL	Backkakaopulver
1 EL	Halbfettbutter
½ TL	flüssiges Stevia oder Süßstoff
1 EL	Haselnüsse, fein gemahlen

Zubereitung

Alle Zutaten in einen hohen Becher geben und mit dem Stabmixer pürieren. Fertig!

„Da sich der Aufstrich einige Tage hält, lohnt es sich, gleich eine größere Menge herzustellen. Wer die Haselnüsse selbst mahlt, kann sie vorher noch in einer Pfanne ohne Fett anrösten. Das intensiviert ihren Geschmack. Mit einem guten Stabmixer lassen sich ganze Nüsse auch zerkleinern. Wer keine Haselnüsse verträgt, lässt sie einfach weg oder ersetzt sie durch Mandeln."

Rezepte ABC

Autor: Alexandra Gregus

Gesamtherstellung und Verlag:
Greb Media Event UG, Geschäftsführender Gesellschafter Tobias Greb

Weitere Mitwirkende:
Tobias Greb, Tom Greb

Grafik:
Edith Gärtner

Lektorat, Korrektorat:
Jürgen Beck, Barbara Fiegen, Daniela Belzer,

Kontakt:
Greb Event Media
www.alexandra-gregus.com
info@alexandra-gregus.com
Untere Schloßgasse 3,
91413 Neustadt an der Aisch

Ein besonderes Dankeschön an das Welcome Berlin, Wilde Küche Berlin, Molina de Agua Fataga (Gran Canaria)

ISBN Paperback 978-84-937058-6-2
2. Auflage 2018

Bibliografische Information der Deutschen Nationalbibliothek
Die Deutsche Nationalbibliothek verzeichnet diese Publikation in der Deutschen Nationalbibliografie; detaillierte bibliografische Daten sind im Internet über http//dnb.d-nb.de abrufbar.